AF341508

AU PLUS PRÈS DU MAL

FRÉDÉRIQUE BALLAND

AU PLUS PRÈS DU MAL

Une psychologue à la Brigade criminelle

BERNARD GRASSET

PARIS

INTRODUCTION

Dans le langage commun, on dirait que je suis « profileur ». Je n'aime pas beaucoup ce terme qui emporte l'imagination vers les héros de séries télévisées, or ce que j'ai pratiqué au sein de la police pendant plus de dix ans ne ressemble guère à un téléfilm. Élucider des homicides, confondre ses auteurs, faire parler une scène de crime sont des missions qui exigent du sérieux, de la patience et le travail collectif de toute une équipe. Je suis une analyste de profil spécifique, une analyste criminelle. Mon métier est très particulier. Un crime ne se résout pas sur une intuition. Il s'analyse, il se compare, il s'étudie. C'est ce que j'ai fait. Avec passion et humilité. Quelques succès et des échecs. La recherche des criminels est devenue mon obsession, une idée fixe.

J'aime la police. Et je me sens souvent bien seule à lui rendre hommage, tant mes contemporains la critiquent. Combien de fois ai-je entendu vitupérer contre les policiers qui dressent des procès-verbaux de stationnement «au lieu de consacrer leurs efforts à élucider les crimes»? Lorsque je suis d'humeur combative, je réponds que les infractions au code de la route tuent, dans notre pays, plus que les homicides et que le respect des lois ne tolère ni graduation, ni exception. Le plus souvent, toutefois, je ne dis rien. Je sais d'expérience que les Français n'aiment pas leurs policiers tant qu'ils n'ont pas subi une agression, connu un cambriolage, tant qu'ils n'en ont pas eu besoin. S'ils râlent contre la police, c'est qu'ils vont bien. Tant mieux. Toutefois il m'importe de rappeler que ces policiers, ceux-là mêmes qui verbalisent une voiture mal garée, peuvent une heure plus tard sacrifier leur vie pour protéger les nôtres. Ce dévouement mérite notre respect. Certes, il y a dans la police, comme dans tous les métiers, des incapables et quelques ripoux. Mais il y a surtout des dizaines de milliers d'hommes qui se battent pour que chacun d'entre nous puisse vivre en sécurité. Ce livre, je l'ai écrit pour leur dire ma gratitude.

CHAPITRE PREMIER

Le séchoir du Quai

Dans la journée, une centaine de personnes s'activent dans les bureaux de la Brigade criminelle, au 36 quai des Orfèvres. Vers 19 heures, ceux qui n'ont pas d'homicide à élucider quittent les lieux. Pour les policiers de la Brigade des stupéfiants, tout commence ou tout continue. À eux, les descentes dans les cités, les interpellations dans les rues glauques, les visites de squats pourris dans les quartiers périphériques. Ils partent en chasse. La nuit tombe, une à une chaque pièce s'éteint, le silence prend ses quartiers. Le vacarme s'estompe, les téléphones se taisent, les cliquetis des claviers, les portes claquées, les voix, les cris s'effacent. Nous ne sommes plus que cinq ou six flics, regroupés dans deux pièces, agglutinés autour de nos lumières. J'aime ces nuits, les couloirs plongés dans le noir où seuls clignotent les panneaux verts indiquant les issues de secours et le lumignon rouge des imprimantes en veille. La ville s'est endormie, les phares des bateaux-mouches balaient nos murs, tandis que nous échangeons des confidences et des cafés trop longuement réchauffés. Le temps paraît suspendu, le monde à distance, nous sommes seuls. Un volontaire descend acheter des sandwichs, un autre se rend chez les gardes de détenus chercher le repas chaud auquel a droit le gardé à vue. L'odeur de son plateau-repas inonde la pièce. Nous sentons la transpiration du suspect, la nôtre aussi parfois. Odeur entêtante de ces nuits à la Brigade criminelle, que je me suis prise à aimer.

Nos bureaux, dans lesquels nous passons de longs moments, sont maladroitement décorés : des affiches de films policiers, quelques plantes vertes souffreteuses, des plans d'état-major de l'Île-de-France et des cartes postales de vacances punaisées au mur. Avec nos photos d'identité, un collègue a composé un photomontage, alignant nos bobines sous le mot WANTED imprimé en majuscules. Un autre a posé sur sa table un bocal, dans lequel il fait monter son levain, il passera cuire son pain à la boulangerie avant de prendre son service. Pas de posters salaces ou d'images de filles nues. Dans le couloir, la collection des photos des gardés à vue, dont la mine patibulaire nous observe. L'ambiance est potache, masquant l'inconfort de ce bâtiment vétuste. Au sol, les dalles vinyles manquent ou bâillent. La peinture des murs s'écaille en longs rouleaux. Sur nos bureaux en métal, fabriqués à la prison de Fresnes, s'entassent des piles de papiers, et des énormes ordinateurs, parfois tellement sales qu'on ne parvient plus à distinguer les lettres des claviers. Les bureaux de la Crim sont miteux. Mythiques et miteux.

L'été, la température atteint 37 °C, les minuscules vasistas ne parvenant pas à rafraîchir notre étage, sous le toit nous suffoquons. Il nous est arrivé d'apporter un pistolet à eau et de jouer à s'arroser dans les couloirs. Fiesta dans les flaques, interrompue par le cri d'un collègue nous prévenant qu'arrivent les parents d'une fillette assassinée. Aussitôt nous cachons nos pistolets, épongeons le couloir, séchons les bureaux. Un jour d'août caniculaire, nos ordinateurs ont sauté ; la panne générale a enfin permis d'installer un système de climatisation, qui jusque-là n'avait été accordé qu'aux geôles des gardes à vue. Dans le réfrigérateur, nous entreposons des canettes de Coca, quelques bières et du champagne, commandé par l'amicale du service à un producteur. Il est rarement très bon, mais bienvenu pour célébrer la fin d'une affaire ou une promotion. Sur le haut de l'armoire d'un chef de groupe, une collection de bons whiskies, qu'il lui arrive de partager quand la pression se relâche. Certains d'entre nous ont une tasse, décorée à leur nom et peinte d'un chardon, l'emblème de la Crim, car comme le chardon, nous sommes fiers de dire que celui qui «s'y frotte, s'y pique». Chacun a un surnom; l'Alsaco, Citron, Lapin (le plus jeune du groupe), Highway, Pitt, Sidney (pour un amateur de jazz), Vieilles Oreilles… Derrière ces pseudonymes, une histoire, une vieille blague éculée, un récit dont plus personne ne se souvient. Chacun s'accommode de bonne grâce de son alias, même s'il est rarement flatteur. Un rite initiatique qui nous unit.

Moi c'est Loana, hommage à la vedette siliconée de l'émission «Loft Story». Mes collègues m'expliquent en rigolant que je le dois à mes cheveux longs et blonds et surtout à une anecdote que j'aurais racontée récemment.

Évoquant un ami, je l'ai identifié comme étant
«un de mes copains», ce qui leur a donné
– bien à tort – à penser que je les collection-
nais. Loana donc. Un surnom qui me pro-
curera quelques désagréments, dont je rirai
pourtant, décidant de n'y voir qu'une étape
dans mon intégration à l'équipe. Je trouverai
aussi, posées sur mon bureau, des photos de
femmes nues s'ébattant dans une piscine avec
mon visage à la place du leur. Une autre fois,
ma carte professionnelle de «psychologue
de la Police nationale» sera subrepticement
remplacée par la photo d'une fille découpée
dans un magazine porno. La tête du planton
à la guérite du 36, quand sans la regarder,
je lui tends ma carte… C'est peut-être difficile à comprendre, mais je me félicite de ces
blagues. Elles signent mon appartenance à la
Brigade des Seigneurs.

Il n'y a pas d'horaire chez les flics. Encore
moins quand on «dérouille», un mot de chez
nous pour dire qu'un homicide nous tombe
dessus. Le temps qui file complique la tâche,
il abîme les indices, brouille les mémoires,
altère les scènes, c'est pourquoi aux premières
heures d'une enquête criminelle, nous enfi-
lons les journées sans pause et les nuits sans
sommeil. Si l'un d'entre nous ne tient plus, il

s'isole dans un bureau, pose sa tête entre ses bras sur la table et s'accorde vingt minutes de sieste, juste de quoi recharger ses batteries. Je ne crois pas qu'il existe beaucoup d'autres corps de métier où les liens tissés soient aussi forts. Ensemble, nous affrontons l'horreur, la peur, la mort, le dégoût, nous partageons l'épuisement physique, et puis nous connaissons nos faiblesses, nos réactions les plus archaïques, celles qui surgissent quand le corps est poussé à bout. À force de fouiller la vie privée des suspects, d'examiner celles des victimes, de creuser jusqu'aux plus infimes détails du quotidien de nos contemporains, nous connaissons leurs secrets, exhumons leur intimité. Cette propension à aller chercher le cœur de l'homme, ses misères, ses manies, écaille le vernis des relations sociales ordinaires. Si nous apprenons beaucoup les uns des autres, c'est que nous vivons ensemble, avons faim ensemble, sommes épuisés ensemble et conscients de nos dépouillements. La promiscuité de nos locaux, les nuits partagées, nos portes toujours ouvertes, nous amènent à tout savoir les uns des autres. Une chaudière en panne, un enfant malade, une épouse déprimée, un projet de vacances, nos soucis deviennent communs. Aucun de nous ne parvient à conserver son masque, nous formons une équipe que l'intimité crue ne cesse de souder.

Au 4ᵉ étage, il faut traverser le bureau d'un groupe de la section antiterroriste pour atteindre une échelle de meunier qui conduit au « séchoir » : une toute petite pièce dans laquelle on fait sécher les scellés, ces vêtements tachés du sang des victimes. Dans cette mansarde à la chaleur étouffante, patientent, sur un dérisoire séchoir à linge, un pull maculé, une culotte déchirée, une chemise ensanglantée, composant une funeste ribambelle de preuves. Aucun lieu du siège de la Préfecture de police de Paris ne dit autant le contraste entre la modestie de nos moyens et l'horreur des crimes auxquels nous sommes confrontés. Un jour, un collègue, devant son ordinateur, vit atterrir des asticots sur sa table. Un, deux, trois, cinq, dix petits vers blancs se tortillant entre les touches de son clavier, les feuilles de son classeur, son pot à crayons. Les asticots pleuvaient du plafond. Nous avons cherché d'où ils pouvaient venir, et réalisé qu'ils tombaient du fameux séchoir, où pourrissent les habits souillés de sang. De minuscules lambeaux de chair étaient probablement restés accrochés à l'un d'eux...

Toute personne disposant d'un téléviseur croit connaître mon métier, tant les séries américaines sont friandes de personnages de profileurs. En effet, il ne se passe pas une semaine sans que l'on puisse visionner à l'écran les aventures d'un profileur aux yeux couleur d'océan et à la silhouette svelte, toujours joué par un beau gosse un peu barré ou une jolie minette habitée par un don de télépathie. Dans ces téléfilms, le profileur est un devin, qui travaille en solitaire et parvient à dénouer les plus complexes affaires sans vraiment éplucher ses dossiers. Nul besoin d'ailleurs puisqu'il est visité par des flashes hallucinatoires qui le conduisent directement vers le coupable. Quand, du fond de mon canapé, je regarde ces exploits mirifiques, je suis partagée entre une furieuse envie de rire et l'étrange sentiment que cette façon de mettre en scène mon métier a beau être totalement exagérée, elle ressemble tout de même à la profession que j'ai exercée en police judiciaire. Seulement, dans ces séries, la méthode de travail du profileur est amplement magnifiée ; se fiant uniquement à sa magique intuition, il trouve toujours une solution géniale avant la cinquante-deuxième minute, ayant au préalable balayé d'un revers de main toutes les hypothèses élaborées par ses camarades. Le profileur à la télé, c'est un prestidigitateur doué, qui, tout seul dans son coin, détecte au feeling l'auteur du crime atroce que personne ne parvient à élucider… Dans la réalité, ces fulgurances, qui viendraient irradier l'enquête et lui donner brutalement sa solution, n'existent pas. Mon métier est bien plus humble, il se contente d'apporter aux enquêteurs une expertise supplémentaire, qui, parfois, leur permet d'avancer plus rapidement, d'éliminer telle piste, de privilégier tel type de suspect. Mais jamais le profilage criminel, que je préfère nommer la psycho-criminologie, n'apporte à lui seul la résolution d'une énigme. Il offre une aide technique, il permet au sein d'une liste de suspects de décider lequel traiter en premier, car correspondant au profil, il éclaire les faits.

Dans une enquête, le travail principal est effectué par les policiers ; ceux-ci, dans le strict cadre de la procédure, cherchent et examinent des indices, des preuves, des éléments tangibles. À la périphérie de ce travail, rigoureux et pragmatique, différents corps de métiers apportent leur soutien : les techniciens de l'Identité judiciaire, les policiers experts en téléphonie, en informatique. Et moi. Psychologue et analyste de profil à la Brigade criminelle.

Scènes de crime

Les homicides nous réveillent la nuit, ils interrompent nos congés, bouleversent nos week-ends. Et nous obligent à tout laisser en plan pendant quelques jours. Les étapes d'une enquête criminelle sont codifiées, elles obéissent à un enchaînement rigoureux. «L'inventeur», celui qui découvre qu'un crime a été commis, prévient la police. Se déplace alors une équipe de Police-Secours, qui ne fait pas de constatation, mais sécurise les entrées et les sorties, relève les premiers noms tout en s'appliquant à ne pas polluer la scène. Ne rien toucher, ne rien déplacer, ne pas perdre de cheveux, ne pas postillonner, les gestes des policiers sur une scène de crime sont prudents, extrêmement contrôlés. L'intervention de la première équipe finie, la Brigade criminelle est avertie. Elle dépêche sur place le procédurier, accompagné des policiers de l'Identité judiciaire, tous équipés de combinaison blanche, parfaitement stérile. Tandis qu'un photographe prend des clichés du cadavre, des trajectoires du sang projeté, les techniciens prélèvent de l'ADN, des traces papillaires et, si besoin, numérotent à l'aide de petits cavaliers les cartouches trouvées. Le procédurier, lui, prend des notes. Il se concentre. Il fixe dans son esprit la scène originelle. Retient le plus de détails possible. Un peu plus tard, les techniciens et le procédurier s'approcheront du corps, le retourneront, le soulèveront pour chercher des éventuels indices. Cette étape achevée, la Brigade criminelle se déploie. Elle établit les premières constatations : comment est disposé le corps ? Sur quel côté ? Est-il bâillonné ? Attaché ? Tous les objets signifiants sont photographiés, décrits, puis, avec des gants et des pinces, placés dans des pochettes. L'endroit est entièrement fouillé à la recherche d'indices. Hormis quelques cas, quand les chefs de groupe refusent que je les accompagne arguant que je ne sers à rien, ce que je peine à leur reprocher, tant il est vrai que mon implication échappe à leur logique, je me déplace avec l'équipe. Je dois porter sur la scène de crime un autre regard que celui des enquêteurs. J'appréhende l'environnement de la victime, j'examine ce qu'elle lit, ce qu'elle écoute, ce qu'elle aime, ce qu'elle collectionne, je fouille ses poubelles, ses vêtements, ses tiroirs, ses placards. Tout ce qui n'est pas immédiatement exploitable par les policiers doit m'interpeller. Eux cherchent des preuves, moi je m'efforce de m'approcher de la personnalité de la victime, afin de cerner celle de l'auteur du crime. Je recueille tout ce qui peut aider à imaginer ce qu'il est advenu. Quelle dynamique est à l'œuvre ? Quelle histoire personnelle a conduit le meurtrier ? Mon travail est celui de l'esprit. Je regarde ce que personne ne voit.

Il m'est difficile d'expliquer comment mon attention flotte, furète, vagabonde et tente de pénétrer les esprits du meurtrier et de sa victime, de dénouer l'écheveau qui a conduit à leur fatale rencontre. C'est dans cette même attitude que j'assiste à certaines auditions, celles d'éventuels suspects, celles de familiers de la victime, de témoins, de voisins. Je ne dis rien. Je ne suis attentive qu'à ce qui échappe à la parole. Lorsque nous faisons des pauses, je fais remarquer au policier que la personne a tressailli sur tel mot, qu'elle s'est raidie à telle question, qu'elle a cherché ses mots à cet instant. Je lui propose de creuser tel point, j'évoque une question qui pourrait être fructueuse même si elle n'entre pas directement dans le cadre strict de la procédure. Parfois, mon observation permet à l'enquêteur de rebondir sur un aspect périphérique, qui peut s'avérer crucial, de creuser un détail. Elle soulage celui qui interroge, qui doit lui se concentrer sur ce qui est dit et auquel échappe une gestuelle parfois signifiante.

Une enquête est rarement résolue par un trait de génie solitaire. Elle avance grâce à un travail collectif, le tissage lent de détails ténus soudain entremêlés qui permet à une idée d'émerger. Mon statut de psychologue à la Crim est flou ; je ne suis pas policier, je n'ai pas été formée à la procédure et aux techniques d'enquête et je dois donc convaincre mes camarades de la Brigade criminelle de l'utilité de ma présence. Celle-ci les a parfois intéressés, parfois irrités, voire indisposés ; ces policiers chevronnés n'ont pas tous été immédiatement enchantés qu'une femme, non officier de police judiciaire, débarque dans leurs bureaux et les suive partout, se mêlant de tout, participant à tout. J'ai rencontré quelques réticences, mais étrangement elles ne m'ont jamais pesé car j'étais assez certaine que ma maîtrise de la psychologie des criminels ferait d'elle-même ses preuves et démontrerait peu à peu son utilité. La vérité m'oblige à dire que si cette vision optimiste des choses a le plus souvent fonctionné, cela n'a pas été tout le temps le cas. Certains n'ont jamais voulu de moi, au sein même de la Brigade ou des services qui gravitent autour, comme cette médecin, directrice de l'Institut médico-légal, qui me voyant arriver un samedi à 9 heures du matin après une nuit blanche pour observer l'autopsie d'une prostituée noire, retrouvée morte dans une ruelle, après avoir été jetée agonisante d'une voiture, s'est opposée radicalement à ce que j'entre. Elle s'est mise en colère, me reprochant de pointer mon nez dans un endroit réservé aux policiers. Ce en quoi elle avait strictement raison. Christian, le procédurier, a tenté de la convaincre :

— Frédérique est psychologue, experte en profilage. Elle peut faire avancer les choses. Je vous assure qu'elle rend des services, s'est-il aventuré.

— Et quoi encore ? Moi je suis experte en profilage lésionnel. Je n'ai pas besoin d'une spectatrice, a répliqué le médecin légiste.

— Elle ne vous gênera pas. Elle sera parfaitement silencieuse.

— Et qui peut me promettre qu'elle ne va pas tourner de l'œil ? a-t-elle conclu en m'adressant un regard mauvais.

À cet instant de l'échange, je n'ai pu que hausser les épaules et rebrousser chemin. Je ne pouvais pas promettre que je n'allais pas m'évanouir en la voyant découper un cadavre. Je n'assisterai pas à cette autopsie. J'en verrai beaucoup d'autres et jamais je ne ferai de malaise.

Ce soir-là, ma première «doublure» – un terme propre à la police qui signifie être d'astreinte – vers 22 heures, mon téléphone sonne. On dérouille! Le commissaire me prévient qu'on vient de trouver un mort avec un morceau de chair dans la bouche. Rien qu'en entendant ses mots, je me sens faiblir. Je m'efforce de dominer mon dégoût et assure, en essayant de donner à ma voix une assurance professionnelle, que j'arriverai dans les meilleurs délais. Je rejoins l'équipe de la Crim dans un appartement du Marais, un quartier parisien où résident beaucoup d'homosexuels. L'appartement est en désordre, tout a été jeté à terre. La victime gît sur son lit défait, en caleçon et tee-shirt. Son visage est tuméfié, les murs de sa chambre souillés de giclures de sang. Effectivement, sa bouche laisse apparaître quelque chose de volumineux et de couleur rosée. J'hésite à m'approcher. J'observe la chambre, j'examine les titres de livres, la collection de disques d'opéra, quand un enquêteur annonce à la cantonade que ce n'est pas de la chair humaine mais seulement de l'écume de salive, due à la strangulation qui l'a tué. Soulagée de ne pas avoir affaire à une histoire de cannibalisme, je respire intérieurement et parviens enfin à me concentrer. Nous trouvons un petit carnet, dans lequel la victime recensait les prestations tarifées fournies par des hommes qu'il consommait en impressionnante quantité. Il y décrit les gestes de chacun, leur donne des notes et qualifie leurs gestuelles avec un luxe de détails techniques assez impressionnant. Dans ses placards, je découvre des sex-toys bien particuliers. Heureusement, chacun des policiers étant affairé, aucune plaisanterie salace ne vient salir plus encore cette ambiance glauque, qui, je dois le reconnaître, me gêne, tant je suis novice.

Ce crime se résout aisément ; les deux jeunes qui l'ont perpétré vont se servir de la carte de crédit de leur victime et se faire repérer. Deux gars, venus de la banlieue, qui avaient observé que certains homosexuels faisaient venir chez eux des hommes recrutés par petites annonces. L'un s'est fait passer pour un prostitué, son acolyte l'a rejoint, ils ont tabassé leur client pour obtenir son code de carte bancaire. Leurs coups l'ont tué.

À la Brigade criminelle, je travaillerai sur plus d'une vingtaine de scènes de crime. Beaucoup sont sorties de ma mémoire, comme si celle-ci refusait de stocker autant d'horreurs. D'autres, malheureusement pour moi, ne m'ont pas quittée. Comme cet appartement, où croupit depuis plusieurs semaines le corps de Monsieur G. Tandis que l'Identité judiciaire achève ses prélèvements, notre groupe patiente devant la porte d'entrée. L'odeur qui filtre vers le couloir, malgré la porte fermée, est nauséabonde. Un vent de pourriture sucrée, cadavérique. Impossible de lui échapper. À cette occasion, j'apprends que les policiers de la Crim ont tous un truc pour éviter autant que possible de respirer les odeurs de cadavre. L'un distribue des chewing-gums forts, l'autre nous fait passer son pot de Vicks Vaporub, cette pâte mentholée contre les congestions nasales. Là, nous faisons tout en même temps : mâchouiller des chewing-gums et se tartiner du menthol sous les narines. L'odeur s'immisce encore. Au fur et à mesure que le temps passe, des asticots s'échappent de sous la porte, ils grimpent sur nos chaussures. Je fais tout ce que je peux pour penser à autre chose, pour éviter de visualiser ce qui nous attend lorsque ce sera à notre tour d'entrer dans cet appartement grouillant. On bavarde, on se raconte des blagues, on tente de couvrir de nos rires les chuintements des colonies de bestioles.

Après une heure passée dans l'escalier à mastiquer nos chewing-gums et respirer notre bâton de menthol, l'Identité judiciaire plie bagages. Nous rentrons dans l'appartement. L'odeur y est atroce, elle nous rentre dans la peau, se colle à nos vêtements. Le corps, à demi repoussé sous le lit, recouvert à la hâte d'une couverture, est putréfié. Des milliards d'asticots l'ont colonisé. Ils ont dévoré les yeux, vidé les orbites, et leurs mouvements donnent l'horrible impression que le cadavre remue. Un bruit sourd se fait entendre. Le testicule est tombé à terre, détaché du corps, les asticots l'emportent et le roulent plus loin. Nous avons beau porter des protections sur nos chaussures, nos pas font craquer les colonies de vers sous nos semelles. Comment laisser flotter mon attention, quand tout me révulse ? Je saisis un balai et m'applique à me frayer une allée parmi les rangées d'asticots, un geste assez vain qui toutefois me permet de concentrer mon attention et dont je me dis qu'il va nous faciliter un tout petit peu le travail. Je m'interroge sur cette couverture. Que peut signifier le geste de recouvrir la personne qu'on vient de tuer d'une couverture pour cacher son visage ? Je me dis que le tueur connaissait la victime, qu'il entretenait avec elle une amitié sexualisée. Que c'est ainsi qu'il faut comprendre ce geste dérisoire de couvrir ce corps d'un linge protecteur, d'un voile de décence. Un sursaut d'intimité, un respect posthume incompréhensible. La signature d'un criminel qui aura aimé sa victime. Mes collègues m'écoutent sans se moquer.

Le soir venu, je passe du temps à me laver les cheveux, le corps, les dents. Tous mes vêtements, qui, bien que protégés par la combinaison stérile, sentent mauvais, sont passés à la machine. Une fois couchée, je me relève. Et consacre encore de longues minutes à me brosser la langue. L'odeur est dans ma bouche. Nous découvrirons bientôt que la victime est un homosexuel alcoolique, tué par un partenaire. Mes camarades ont privilégié la thèse selon laquelle le tueur connaissait sa victime, et c'est donc un peu grâce à la couverture, qu'ils ont pu travailler vite et retrouver le coupable.

CHAPITRE TROIS

La vache imaginaire

J'ai onze ans. En fin d'après-midi, mes cours au collège achevés, je marche jusqu'à l'hôpital et m'assois dans la salle commune en attendant que Jean-Claude, mon beau-père, ait fini ses consultations et me ramène à la maison. Il fait chaud. Autour de moi, des patients, pour la plupart atteints de démence sénile. Jean-Claude, le second époux de ma mère, m'a expliqué ce terme, il aime bien nous parler des maux qu'il soigne. Beaucoup de malades somnolent, d'autres dodelinent de la tête, certains sourient. Ma préférée est cette vieille paysanne, qui, accroupie entre les fauteuils, trait à heure fixe une vache imagi-naire. Elle écarte les cuisses, cale fermement ses pieds contre le sol, tend ses mains, tire sur un pis, sur l'autre, rapproche le seau, veille à ne pas perdre une goutte de lait et marmonne des mots d'encouragement à son animal. Jean-Claude m'a dit que cette patiente voyait vraiment une vache, car la réalité, m'a-t-il expliqué, n'est pas la même pour tout le monde. Il y a celle, communément partagée, des bien-portants, des sains d'esprit, et puis celles des déments et des malades. Cette perspective, cette richesse me fascine. Aussi, je demande à la paysanne de m'apprendre à traire. Elle m'indique un tabouret qui n'existe pas, me montre comment placer mes mains sur ce pis invisible, me recommande de veiller à ne pas renverser son seau qu'elle est bien la seule à voir. Désormais, après le collège, dans la salle commune de l'hôpital d'Évron, je trais une vache imaginaire. Je décide de devenir psychiatre. Avant, je voulais être coiffeuse, mais je suis désormais convaincue que la psychiatrie m'intéressera bien davantage.

Je ne devais pas naître. Tout du moins dans la tête de mes parents qui ne pouvaient plus avoir d'enfant. C'est alors que ma mère a découvert qu'elle m'attendait. Cette surprise a chamboulé leur résignation, bousculé leur petite famille. Ma mère est institutrice, mon père ingénieur des Ponts et Chaussées. Tandis qu'elle est d'humeur douce, plutôt câline, mon père lui se montre très colérique. Ses accès de rage sont redoutables, je ne sais plus très bien si je les ai vécus, si ces scènes m'ont été racontées ou si je les ai tout simplement imaginées. Là encore, je mesure que certains souvenirs trop encombrants peuvent s'avérer plus supportables dès lors qu'on les décrète irréels et faux, une façon de s'en dissocier, comme j'apprendrai plus tard à le formuler. Lors des repas communs, la radio est allumée. Mon père nous interdit de parler. Nous apprenons à nous passer des messages par signes. Un geste pour le sel, un autre pour la carafe. Un jour, ma mère se décide à le quitter. Elle épouse Jean-Claude, le médecin généraliste du village.

Mon frère et moi rendons visite à notre père, qui, remarié, a obtenu la garde de notre sœur aînée. J'ai sept ans lorsqu'il nous emmène visiter les tranchées de Verdun. Il m'explique que beaucoup de jeunes soldats y sont morts, ensevelis sous des coulées de boue. Nous marchons dans ces longs couloirs de terre contenus par des panneaux de verre. Du doigt, mon père me désigne les pointes de baïonnettes qui dépassent du sol. Sans égard pour mon jeune âge, il m'explique que ce sont bel et bien des squelettes qui brandissent ces armes, que nous trottinons entre des rangées de morts étouffés sous la terre. Nous finissons la visite par un passage dans le musée, où sont exposés les crânes fracassés des poilus. À mes questions inquiètes et pressantes, mon père répond. Sans précaution, il commente les éclats d'obus qui ont emporté là une mâchoire, là un orbite, là encore un os de la tête. Je me tais. Nous rentrons.

Quelques jours plus tard, je souffre d'hallucinations. Alors que je suis parfaitement réveillée, ou tandis qu'allongée dans mon lit j'attends le sommeil, des squelettes surgissent et me narguent, ils menacent de m'attraper et je crie pour leur échapper. Mon beau-père me prescrit des tranquillisants. Ma mère m'embrasse. Je ne saurai que bien des années plus tard que je souffre d'un syndrome de stress post-traumatique.

Jean-Claude, le nouveau mari de ma mère, prend des photos des autopsies qu'il est amené à pratiquer et des escarres qu'il soigne, et il lui arrive de laisser dans le rétroprojecteur des diapositives montrant ces cadavres découpés, ou ces peaux pourries. En les regardant, je comprends qu'une partie de notre corps peut mourir alors même qu'on est encore vivant. On peut donc être à la fois mort et en vie. À table, mon beau-père parle souvent de scènes horribles. Ce mort qu'il lui a fallu arracher à la cuvette des toilettes en lui déchirant la peau et dont les membres se sont tellement rigidifiés qu'il a dû les briser. Ce soir-là, je décide de dormir dorénavant en croisant les bras sur ma poitrine, ainsi, si je meurs dans mon lit, personne n'aura besoin de me casser les os. Une autre fois, Jean-Claude nous raconte qu'il est intervenu avec les pompiers dans un accident de la route. Une cargaison de troncs d'arbres, mal attachée à l'arrière d'un camion, s'est déversée sur une voiture qui doublait. Quand il est descendu dans le fossé pour inspecter la voiture renversée, il a entendu la tête du conducteur rouler vers lui. Personne n'ose interrompre ces récits. Plus tard, quelqu'un me dira que mon beau-père était le diable.

Mauvaise en mathématiques, je ne peux pas présenter un bac scientifique, ce qui me barre la route vers les études de médecine et la psychiatrie à laquelle j'aspirais. Ayant obtenu mon bac économique et social, je m'inscris en lettres modernes et choisis l'option psychologie. Cette matière me plaît tellement que je bifurque et suis les cours de psycho-pathologie. La faculté de Rennes est alors la seule à dispenser en matière optionnelle un enseignement de criminologie qui ne soit pas exclusivement juridique mais consacré aux aspects psychologiques. Ces études me passionnent, je les dévore. En année de maîtrise, nous rédigeons, en équipe, un mémoire sur le viol. Spontanément, je préfère étudier le profil du violeur, sa réalité psychique, ses troubles, ses motivations, alors que tous mes camarades consacrent leurs recherches aux victimes et aux conséquences du trauma. Ils sont un peu surpris que ce soit le criminel qui m'attire, pour ma part, je trouve plus intéressant de tenter de comprendre comment on en arrive au crime, et pourquoi le choix du mal devient, pour certains, inéluctable. S'intéresser aux criminels, vouloir se plonger dans leur monde intérieur, pénétrer dans leur tête pour les comprendre, n'est pas une motivation commune. Pourtant, c'est déjà la mienne. De surcroît, l'absence presque totale de bibliographie sur les auteurs de crimes sexuels m'intrigue, je passe des heures à rechercher en bibliothèque les maigres documents existants. J'aime l'idée que ce sujet soit encore en friche. Nous soutenons notre travail devant un jury, parmi lequel siège Philippe, un psychologue, qui exerce dans l'unité pour malades dangereux de l'hôpital psychiatrique de Rennes, et également à mi-temps en prison. Il me propose un stage, et me demande si je serais d'accord pour travailler la première année dans un pavillon fermé pour malades difficiles, sachant que si tout se passe bien, l'année suivante nous pourrions envisager un stage à la maison d'arrêt des hommes à Rennes. Il ajoute que c'est d'ailleurs la toute première fois que la maison d'arrêt accueillera un psychologue stagiaire. J'accepte, enthousiaste.

J'ai vingt-deux ans et je dois me débrouiller, car les soignants de l'unité psychiatrique me donnent peu de consignes, Philippe leur ayant demandé de ne pas partager le diagnostic posé sur les différents patients, afin que je m'exerce à l'établir. Toutefois, ils prennent la peine de me signaler un seul malade. Un homme dont ils me recommandent de ne jamais soutenir le regard, car il est convaincu que les yeux clairs, comme les miens, le vident de son énergie et cela le met en rage. J'évite donc de le fixer, pourtant je n'ai pas peur de lui. Ensemble nous marchons beaucoup, nous parlons. Je m'attache à me représenter son monde intérieur, si différent du mien, à comprendre ce qu'il vit, et cela me passionne. Je l'écoute me raconter que des fils souterrains électriques dégagent des ondes néfastes et que l'air est saturé de signaux. Chaque soir, sans que personne ait jamais réussi à comprendre comment, il parvient à trouver un couteau – nous prenons tant de précautions pour les cacher – avec lequel il poursuit un autre malade, qui lui, n'ayant plus aucune mémoire immédiate, ne se souvient jamais que la scène s'est déjà déroulée à l'identique la veille au soir. Chaque soir donc, un infirmier doit les rattraper, saisir le couteau et les calmer. Une fois c'est mon tour de leur courir derrière. En calmant l'agresseur, dans le feu de la course-poursuite j'oublie la consigne et le regarde fixement. Il examine longuement mes yeux bleus. Il ne dit rien. Il ne bouge pas. Mon regard clair ne déclenche pas de crise. Je n'ai même pas eu peur.

Un autre patient m'intrigue. Dans ma grande naïveté, je me demande assez vite s'il ne serait pas victime d'un internement abusif. Il est tellement calme, si sympathique, et j'ai un tel plaisir à jouer aux cartes en sa compagnie. Persuadée de devoir réparer une grave erreur médicale, je m'en ouvre à un infirmier, qui m'apprend que ce brave homme est un paranoïaque, qui a tué, sur un parking, sa femme au fusil de chasse. Et devant sa nièce. Un cas typique de paranoïa, cet homme ayant imaginé que son épouse appartenait à la mafia et cherchait à l'empoisonner ou à le faire tuer par des hommes de main, qu'elle fréquentait secrètement à leur domicile depuis des années. Comme les autres secteurs de sa vie n'étaient pas atteints par le délire, sa pathologie n'était pas immédiatement visible. J'ai compris que je n'avais pas du tout affaire à une erreur médicale.

Une malade schizophrène me confie que sa main a poussé durant la nuit, elle me la montre afin que je le constate et partage son émoi. Je repense à mes squelettes de Verdun venus jusque dans ma chambre et je comprends combien cette jeune femme habite une réalité radicalement autre. Ce qu'elle perçoit est-il plus ou moins vrai que ce que je perçois ? Les squelettes des poilus, je les ai bel et bien vus danser autour de mon lit. Pourquoi ne verrait-elle pas pousser sa main ? Je sais que ce qu'elle sent, ce qu'elle voit, ce qu'elle constate est vrai, totalement réel pour elle.

Dans le pavillon est accueillie une patiente âgée, dont le caractère colérique indispose l'équipe soignante. Lorsque vient mon tour de lui faire sa toilette matinale, elle m'injurie, hurle et crie des insanités. Je crois bien faire et lui propose de la laisser faire seule sa toilette, je repasserai la voir plus tard. Lorsque je reviens, et que j'ouvre la porte de son petit cabinet, elle a mis en scène – littéralement – les insultes dont elle nous accable, maculant tous les murs de sa matière fécale. Ces patients sont durs, ils éprouvent nos résistances et pourtant j'aime travailler avec eux. Je n'ai pas peur, en revanche j'éprouve souvent une profonde tristesse en les écoutant me dire leur réalité, leur douleur, leur solitude. Je me souviens ainsi de cette femme bipolaire qui refuse de quitter son lit et m'explique être « morte à l'intérieur », que son cœur est pourri. Comment aider une personne qui se croit habitée de pourriture, qui se sent si accablée par le dégoût de soi ?

Mon stage est fini, en concertation avec Philippe et la direction de l'hôpital psychiatrique, il est convenu que je viendrai désormais en stage, un jour par semaine, à l'hôpital de jour. J'y fais la connaissance de ce jeune homme, un schizophrène, qui me raconte être le fils du diable et d'une nonne. Il m'effraie en me murmurant à l'oreille que son père maléfique s'approche, que bientôt la pièce sentira le soufre. Il renifle. Est-ce que je ne sens pas moi aussi cette odeur âcre, celle du diable qui vient... ? Je comprends que si la faculté de psychologie m'enseigne le classement des différentes maladies, elle est incapable d'apporter des aides thérapeutiques et que ces patients demeureront dans leur folle souffrance. Cette année-là, j'obtiens ma maîtrise en psychopathologie, grâce à mon mémoire sur les agresseurs sexuels, ainsi qu'une maîtrise en linguistique en rédigeant un mémoire sur la dysmorphophobie, la crainte obsédante d'être laid ou mal formé. Ce monde du mal, de la douleur, de la déviance est celui dans lequel je veux exercer. Et tenter de soigner.

CHAPITRE QUATRE

Stagiaire en prison

Philippe me propose de rejoindre son équipe, installée dans le centre médico-psychologique de la maison d'arrêt de Rennes. Je suis la première stagiaire à pénétrer dans cette prison, où des hommes attendent leur procès. L'établissement, situé au cœur de la ville, est décrépit ; dans certaines cellules, le sol est encore parqueté. Même quand on ne s'y rend que pour travailler, le lieu épuise. Grincements des clés des gardiens, coups des détenus contre leurs barreaux, hurlements, fracas des grilles qui s'abattent, danger, crasse, insalubrité, abandon. Mon bureau est constitué de deux cellules, dont on a supprimé la cloison intermédiaire. Lorsque je m'installe derrière ma table, je tente d'imaginer comment plusieurs hommes arrivent à cohabiter, se laver, se nourrir, aller aux toilettes, dormir, dans un espace deux fois plus restreint que celui dont je dispose. Les surveillants me montrent la sonnette, installée sous le bureau, à hauteur de mon genou. Détail : elle ne fonctionne que de façon aléatoire. Lorsque je quitterai cet établissement je songerai n'avoir jamais eu besoin de la sonnette en panne.

Je reçois les détenus pour des entretiens en tête à tête, et le moins qu'on puisse dire c'est qu'ils s'y bousculent. Un empressement qui ne doit rien à mes compétences encore neuves, mais beaucoup au fait que je sois une femme, jeune de surcroît, et potentiellement manipulable. Ils espèrent obtenir de moi un certificat de bonne conduite en vue de leur jugement, convaincus qu'ils parviendront à m'influencer. Lorsqu'ils réalisent que la partie n'est pas si commode, l'affluence décline. Si aucun ne se montre indélicat ou embarrassant, très vite toutefois je me rends compte que je dois adapter ma tenue vestimentaire, bannir les jupes et les robes et leur préférer des pulls amples et des pantalons larges. Un camouflage qui me protège et qui apaise. Malgré mon inexpérience totale, je parviens presque intuitivement à conserver un cadre strict et thérapeutique. Aucun des prisonniers ne déborde, ne transgresse. Sauf ce pervers, qui se plaît à me nommer «mon rayon de soleil», ce qui pourrait être sans importance sauf que j'apprends que tel est le surnom qu'il donnait à sa fille à laquelle il a fait deux enfants. Un jour, il m'ordonne de lui poster ses lettres. Je refuse. Il se dresse de sa chaise, abat ses énormes mains sur mon bureau et me toise du haut de son 1,90 mètre, l'air mauvais. Tout en songeant à ma sonnette en panne, je lui réponds le plus calmement possible que je ne posterai pas son courrier car la loi lui interdit d'échanger avec sa victime, donc avec sa fille. Je lui propose de s'asseoir, de parler. Il hésite, puis obtempère. J'ai eu peur. Désormais, je porterai des vêtements amples, qui cacheront aux détenus que je transpire de trouille.

Pour chacun d'entre eux, je ne dispose que d'un dossier succinct, composé essentiellement du motif de l'incarcération. Comme ils n'ont pas encore été jugés, ils n'ont pas été soumis aux diverses expertises psychiatriques, qui pourraient me faciliter le diagnostic et la prise en charge. J'en sais peu sur eux, je tâtonne. Ils racontent facilement la raison pour laquelle ils se retrouvent en prison mais dans la foulée m'expliquent être innocents. Nos rendez-vous servent à remonter ensemble les fils de leur histoire, je les questionne sur leur enfance, leurs parents, leur adolescence, leurs rêves, leurs blessures. Je suis frappée de la souffrance qu'ils ont accumulée avant même de passer à l'acte et de commettre leur crime. Je découvre que ces criminels auraient surtout besoin d'être soignés et que la prison dans laquelle on les a, à juste titre, enfermés, les éloigne de la société, ce qui est absolument nécessaire, mais échouera à les guérir. Il est indispensable de sanctionner, de rappeler que la société ne peut tolérer certains agissements, tant pour les victimes, que pour les auteurs, mais, dans nombre de cas, cela ne saurait suffire, il faudrait aussi prendre en charge la souffrance, la source du comportement crimi-nel, sinon il se répétera. Et que se passera-t-il quand ces hommes, malades, violents, abîmés, ressortiront ? Comment préparer à la liberté ces prisonniers dont je mesure la dangerosité ? À quoi sert l'incarcération si elle ne fait qu'en-durcir leur haine, attiser leur colère ? Pourquoi ne sommes-nous pour ces 450 détenus que deux psychologues à mi-temps, dont moi, sta-giaire de vingt-quatre ans ?

Un jeune homme demande à me rencon-trer. Il a violé une étudiante rencontrée dans une boîte de nuit. Ils avaient dansé ensemble, bavardé, elle s'était laissé embrasser puis il l'avait conduite chez elle, où elle avait d'abord refusé de le faire entrer avant de céder devant tant d'insistance. D'une voix neutre, comme s'il peinait à comprendre ce qu'on lui reprochait, il me raconte l'avoir de force « retournée » sur le ventre et sodomisée. Tandis qu'il la violait, il lui a fait fumer un joint pour la détendre, car il peinait à la pénétrer. En la quittant, il lui a laissé un bout de shit, parce qu'elle se plaignait d'avoir mal. À son ton détaché, son récit technique, j'entends qu'il ne comprend pas la souffrance psychologique de sa victime. Il m'explique qu'avec cette herbe, elle aurait dû trouver de quoi soigner sa douleur physique et s'étonne qu'elle ait prévenu la police. Il la suspecte d'instrumentaliser l'événement pour ne pas avoir à passer ses examens « qu'elle n'aurait pas révisés ». Malgré sa distance verbale, je devine qu'une toute petite partie de lui, profondément enfouie, sait que cela ne devrait pas s'être passé ainsi.

Il me raconte être le fils unique d'un père général dans l'armée et d'une mère au foyer. Quand ses parents lui refusaient quelque chose, il avait l'habitude d'aller piquer au couteau les portes d'une armoire ancienne à laquelle ils tenaient. Très bel homme, roulant en décapotable, serveur dans un bar à la mode, il séduit facilement et confie avoir une sexualité très intense. Terriblement jaloux, il lui arrive de renifler les culottes de sa copine pour s'assurer qu'elles ne sentent pas le sperme d'un autre. Je passe beaucoup de temps avec ce détenu et parviens peu à peu à lui faire comprendre le lien entre ses propres émotions, qui l'envahissent à l'excès, et celles des autres, dont il nie l'existence. Un tout petit premier pas.

Je manque d'outils thérapeutiques, je manque de temps, je manque d'expérience pour aider ces hommes qui ont souffert et fait souffrir. Nos entretiens certes les apaisent, mais ils sont insuffisants pour remettre en place leurs personnalités psychiques déstructurées, éparpillées. Un jour, ils sortiront de prison. Que faire avec ce père de famille, qui, après avoir pris sa douche, a demandé à sa fille de cinq ans de mettre son sexe dans sa bouche et qui ne comprend pas pourquoi il a commis un tel geste ? L'escroc – un des rares détenus non suspectés de crimes sexuels que je verrai – me fait remarquer qu'en prison les psys ne servent qu'à administrer un arsenal chimique pour endormir les détenus, il a tristement raison…

Au fil des jours, j'apprends à connaître et à respecter les surveillants dont le travail ne correspond en rien aux clichés qu'on colporte à leur sujet. Ces hommes sont bien souvent les seuls interlocuteurs des détenus, les seuls à avoir avec eux des conversations paisibles, ils savent faire montre de sensibilité, d'humanité et de courage. Il leur en faut. Ces «matons», comme je déteste qu'on les nomme, m'ont montré l'élastique qui tient leur cravate autour de leur cou. Pourquoi un élastique? Pas pour gagner du temps en s'habillant le matin, mais pour qu'un détenu ne puisse pas les étrangler en tirant sur leur cravate, et puis, il y a aussi ces aiguilles, piquées dans le revers de leur veste, afin que si des mains les agrippent, elles soient blessées et obligées de lâcher prise. Ils m'expliquent comment ils pénètrent dans une cellule, comment ils s'y placent, comment ils calment les bagarres, comment surveiller les parloirs, les promenades. Chaque instant est vrillé de tensions, de violence contenue, que la promiscuité et l'inconfort des lieux nourrissent.

Un détenu s'est coupé les mamelons. Incarcéré après avoir agressé sexuellement sa fille de onze ans, il n'a jamais posé de problème aux surveillants. Un brave gars, auquel tout le monde s'est attaché. Quand il avait abusé de son enfant, il lui avait expliqué vouloir la préparer à ce qui pourrait lui arriver plus tard. Un «viol prophylactique», une sorte de vaccin contre l'inéluctable. Un raisonnement malade, insupportable, mais qui s'inscrit dans une histoire. Élevé dans une famille maltraitante, il avait fugué vers l'âge de douze ans. Après avoir longuement erré, il avait trouvé refuge auprès de deux marginaux qui lui avaient promis un repas chaud et un matelas, puis l'avaient violé. Rentré chez lui, sa famille l'avait accueilli en se félicitant de cette agression qui le punissait de s'être enfui. L'adolescent avait grandi, appris à travailler, il s'était marié. Et réjoui de la venue de son premier enfant, une petite fille. Jusqu'au jour où la digue qu'il tentait de maintenir autour de sa personnalité dissociée, de son angoisse douloureuse avait explosé et lui avait fait commettre ce geste impardonnable.

Cette digue implosera une deuxième fois. En prison, sa femme, enceinte de leur second enfant, lui rend régulièrement visite. Lorsque l'enfant naît, elle lui annonce que c'est un garçon. Quelques mois plus tard, une lettre lui apprend que ce bébé est atteint d'une anomalie sexuelle. Des examens révèlent que, bien que doté d'un appareil génital masculin, le nourrisson possède également un vagin et des trompes de Fallope. Ce petit garçon est une fille. Dans la tête de son père, cette anomalie fait écho à sa propre enfance, à son errance de petit garçon abusé sexuellement par des adultes l'ayant utilisé comme une fille. La lecture de la lettre de son épouse achevée, le prisonnier se met à hurler, il se jette contre les murs, se tape la tête et, avec un instrument, dont nul ne sait comment il se l'est procuré, parvient en quelques secondes à se mutiler en se coupant les mamelons. Les surveillants le conduisent à l'hôpital pour le soigner puis le raccompagnent jusqu'à sa cellule où, toute la nuit, ils le veillent, le consolent, le réconfortent. Le lendemain, quand je prends mon service, ils me confient leur désarroi. J'explique aux surveillants, à qui il a raconté son histoire, comment le trouble identitaire sexuel de son enfant a réveillé chez ce père détenu un malaise constitutif et pourquoi il ébranle à ce point son instable psychisme. Les ayant ainsi éclairés, je m'interroge. Qui, dans la prison, pourra fournir à cet homme les lourds soins psychiatriques dont il aurait besoin pour guérir ? Personne. Je vais continuer à le prendre en charge, très régulièrement, mais toute ma bonne volonté est insuffisante. Le centre médico-psychologique ne peut prendre en charge une pathologie aussi sévère, ses infirmiers et psychiatres n'ont que le temps d'accorder des rendez-vous ponctuels et limités, ils n'ont pas les moyens d'une thérapie globale.

Lorsque ce détenu arrivera au terme de sa détention, je veillerai à ce qu'il soit accueilli dans un centre de postcure pour malades alcooliques et le confierai aux soins d'un de mes enseignants, grâce auquel cet homme bénéficiera de soins constants et appropriés. J'apprendrai qu'il est parvenu à se réinsérer et qu'il ne présenterait plus de danger pour autrui.

À côté de ces deux journées de travail en prison, je passe trois jours à la fac pour achever mon master 1 et 2 et, les samedis matin, j'anime avec Pascal, un de mes professeurs à l'université, des stages auprès de conducteurs condamnés pour conduite en état d'ivresse. À posteriori, je crois que ces matinées ont apporté à ma pratique professionnelle les enseignements les plus féconds. J'ai beau avoir étudié de longs semestres la psychologie criminelle à l'université, puis avoir été amenée à prendre en charge en hôpital des pathologies lourdes, avoir accompagné en thérapeute des prisonniers malades, c'est bel et bien dans ces stages de conduite routière que j'aurai le mieux appris à exercer mon métier. Aux côtés de ce professionnel aguerri, le partage s'avère extrêmement formateur. Pascal m'oblige en effet à questionner chacun de mes gestes, chacune de mes paroles, toutes mes interactions ; son regard professionnel me pousse à réfléchir, à m'améliorer. Pourquoi ai-je repris la parole à cet instant ? Pourquoi avoir posé cette question ? Ai-je remarqué l'attitude d'Untel ? Et si j'avais glissé cette remarque de cette manière, n'aurais-je pas obtenu une meilleure écoute ? Les relectures de nos séances ont été pour moi la meilleure école pratique. Il est regrettable d'en arriver à dresser un tel constat, lorsqu'on a théoriquement été formée à l'exercice de son métier durant cinq années de faculté, puis lors d'un stage professionnalisant dans une maison d'arrêt au milieu de dizaines de criminels, ou bien encore dans l'unité pour malades dangereux d'un hôpital psychiatrique. À la faculté, il n'y a pas d'espace pour la découverte des pratiques thérapeutiques. Il me faudra aller dans une école de thérapie pendant encore quatre années pour vraiment savoir comment faire, à quel moment et pourquoi.

À cette période de ma vie, alors que mes études s'achèvent et que ma vocation de psychologue s'affermit, j'entame un travail personnel. L'exercice de mon métier de thérapeute me rassemble, mais je sens bien que je porte, depuis mon étrange enfance, un trop lourd bagage. Le poids d'un malaise confus, morbide, qui m'empêche de me sentir en paix. Je rencontre un psychanalyste, que je quitte tout de suite, car je le trouve trop beau et son cabinet trop chic pour m'abandonner face à lui. J'en vois un autre. Puis un troisième ; un homme âgé, vêtu d'un gilet serré, dont le cabinet ressemble à ce que j'imagine du cabinet de Sigmund Freud et cette similitude de décoration – tapis épais, bibelots antiques, rideaux lourds, canapé grenat en velours élimé – me rassure. Très vite toutefois je comprends qu'il ne suffit pas de copier la pièce du maître viennois pour se transformer en analyste doué. Bien que je me sente à ce moment-là fort mal en point, je continue de me taire et de garder mes secrets, un silence d'autant plus facile qu'il ne me pose aucune question. Ce jeu me fatigue, lui pense que j'évolue et me propose alors quelques séances en face à face, durant lesquelles il m'informe que «mon moi s'est structuré». Peu après, je le croise au supermarché et, dans ma tête, la chanson «Money» se met à jouer... J'entends le message et décide de le quitter, avec sa bénédiction.

Ce n'est que des années plus tard, alors membre de la Brigade criminelle, que je consulterai de nouveau. Finis pour moi la psychanalyse et son jeu de cache-cache, je commence une thérapie en analyse transactionnelle. Rien à voir, ou tout du moins plus grand-chose, avec les séances du bon Dr Sigmund. L'analyse transactionnelle est une méthode américaine qui s'attache à comprendre pourquoi l'individu répète au cours de sa vie des schémas insatisfaisants. Son inventeur, le psychiatre Éric Berne, a élaboré une pratique de soins qui permet, d'identifier le rôle dans lequel on s'enferme – répétition de l'enfance, copie d'un parent, position de victime – puis d'adopter des outils efficaces afin d'abandonner cette posture et de parvenir à nouer des relations authentiques. Grâce à cette thérapie, je me sens rapidement aller mieux, comprenant combien j'étais demeurée prisonnière de mon enfance et du climat morbide dans lequel m'avait enfermée mon beau-père. Par curiosité professionnelle et souci de développement personnel, à plusieurs reprises je suivrai des thérapies d'écoles différentes et chacune m'aidera. Après l'analyse transactionnelle, je découvre l'EMDR (Eye Movement Desensitization and Reprocessing). Cette méthode stipule que les mots ne suffisent pas pour guérir de ses traumatismes. Il faut les effacer de sa mémoire sensorielle, ce qu'un jeu de mouvements oculaires permet. Cet outil magique, et validé par des travaux scientifiques sérieux, cicatrise mes blessures. Progressivement, je trouve une profonde paix intérieure. Enfin, et c'est par lui que j'aurais dû commencer, je rencontre et épouse Éric. Un homme bienveillant, calme et aimant. Désormais, je suis solide. Je peux soigner. Mieux.

CHAPITRE CINQ

L'école de police

Mon stage en prison achevé, je postule pour des vacations dans la police et participe à un jury chargé de recruter des gardiens de la Paix. À cette occasion, je sympathise avec le commissaire de police de Rennes, qui me propose un poste. Je ne connais rien à la police et m'imagine déjà profileuse experte sur des scènes de crime. La réalité est moins télégénique : je pars pour Saint-Malo donner des cours à l'école de police. Afin de connaître le métier que pratiquent mes élèves, je suis plusieurs stages au sein de l'équipe de Police-Secours de Rennes et de la Brigade anticriminalité. Si la psychologie est ma première vocation, la découverte de la police sera pour moi une révélation. J'aime ce travail, j'aime la vie en équipe, les horaires décalés, l'urgence, l'adrénaline, l'inconnu, l'angoisse et l'excitation, je savoure ce sentiment d'être utile.

Lorsque nous partons sur une intervention, aucun de nous dans le car ne sait ce que nous allons découvrir. Un différend familial, une bagarre, un accident de la route… Derrière les appels se cachent souvent des histoires bien plus dramatiques, et j'apprends au contact de ces hommes aguerris comment conserver mon calme et veiller à ce qu'une situation d'urgence n'empire pas. Je découvre la face sombre de la ville dans laquelle je vis depuis tant d'années : mon pharmacien, si policé dans son officine, qui roue de coups sa femme, ce voisin taciturne qui s'alcoolise méchamment, ce pompier incapable de supporter que sa maîtresse le quitte et qui lui inflige des blessures semblables à celles qu'il soigne quotidiennement, toutes ces vies qui, la nuit tombée, explosent.

Mon premier cadavre. Un homme mort depuis une semaine, le corps profondément imbibé d'alcool. C'est l'été et, même à Rennes, il fait chaud. Lorsque nous pénétrons dans l'appartement, je vois sur le sol une boule noire, prête à exploser, seulement retenue par les mailles détendues de son pull. Un collègue m'avertit que notre intervention sera rude. Il m'invite à ne pas m'approcher, me demande d'abord de compter calmement les billets de banque posés sur la table. Tournant le dos au cadavre, je m'applique, m'efforce de ne pas trop trembler, de ne pas entendre le grouillement des asticots. Soudain, un souffle. Un autre, encore un. Je ne me retourne pas, j'imagine le cadavre en train de bouger, cette monstruosité noire sur le point de se relever, je l'entends souffler. Mon collègue m'apprend que ce sont les gaz de décomposition qui s'échappent, qu'il ne faut surtout pas le toucher car il pourrait se répandre. Je me retourne. Je vois qu'il n'a évidemment pas bougé. Mon premier cadavre.

Je passerai trois ans à l'école de police de Saint-Malo, désormais convaincue que c'est dans cette institution que je veux travailler, que c'est en équipe avec ces hommes, le plus souvent dévoués et courageux, que je veux exercer mon métier. Je rejoins la direction de la formation de la Police nationale à Lognes, une ville de banlieue proche de Marne-la-Vallée. Entourée de policiers de haut grade – des commissaires divisionnaires, des contrôleurs généraux, des inspecteurs généraux – je suis chargée de réfléchir et de rédiger les programmes de formation pour les gardiens de la Paix et les officiers de police. Sur le papier, le programme est séduisant. La réalité est tout autre. J'arrive dans une sorte de bureau politique, où la vie des gars sur le terrain est, dans le meilleur des cas, un lointain souvenir. Ces messieurs semblent méconnaître le danger des interventions, la tension de la rue, les risques quotidiens qu'encourent les policiers, mais en revanche, comme ils savent bien ergoter, palabrer, deviser intelligemment! À cette époque où cohabitent pour la première fois un président de droite, Jacques Chirac, et un gouvernement de gauche, dirigé par Lionel Jospin, le ministère de l'Intérieur, sous la tutelle de Daniel Vaillant, s'éprend d'un mot magique : la proximité. La police n'a plus pour vocation première de maintenir l'ordre et d'attraper les délinquants, mais dorénavant de nouer des liens de proximité avec les citoyens. Bel angélisme. Tous les programmes de formation sont à repenser, la nouvelle doxa doit faire triompher une société nouvelle. Bien sûr, nul ne songe à consulter les policiers en tenue qui arpentent les cités et les quartiers chauds. La bonne parole provient de ces sommets inaccessibles et doit rayonner vers la base. Mais c'est à nous, à la direction de la formation, de transformer ces préceptes révolutionnaires en cours concrets pour les

gardiens de la Paix et les officiers. Nous recevons des cahiers alignant les compétences que
devra acquérir l'impétrant. Exemple: «Le gar-
dien de la Paix saura accueillir les victimes».
«Il saura gérer les conflits dans le respect et
la dignité.» Chouette! Et que fait-on avec ça?
À nous, à moi, d'inventer des jeux de rôle,
des saynètes, des outils qui permettent à nos
recrues de se familiariser avec ces maximes
glorieuses. Je pense moi aussi que la police
doit être proche des citoyens et établir un rapport de confiance avec eux, mais sa mission
première demeure de faire respecter l'ordre
pour protéger la population. Dans le manuel
définissant la police de proximité, je m'amuse
à compter les occurrences du mot «répression». Il n'est mentionné qu'une seule fois
sur les quarante pages. Je ne parviens pas à
taire ma perplexité. D'autant que ces bonnes
idées nous parviennent alors que, quelques
jours plus tôt, lors d'une intervention dans
une cité de la banlieue parisienne, une équipe
de la BAC, la Brigade anticriminalité, s'est vu
accueillir par une cinquantaine de personnes,
dont certaines armées de battes de base-ball.
Les quatre policiers se sont fait tabasser,
briser les bras, les jambes, les poignets. À
une hostilité si organisée, nous répondrions
en pratiquant la proximité? Je m'inquiète. Je

préconise plutôt que nous enseignions aux gars en tenue l'art de la manipulation positive, qu'ils sachent comment repérer le meneur dans une foule, comment entrer en négociation avec lui, comment parvenir à calmer la tension d'un attroupement. Mes remarques sont malvenues, mes supérieurs me jugent réactionnaire, ils me suspectent d'être une dangereuse partisane de la répression à tout crin. Ils se trompent. Je crois juste qu'il ne faut pas se limiter à la proximité, qui n'est qu'une notion, certes importante, mais parmi tant d'autres.

La police de proximité a pris naissance au Québec peu de temps auparavant, et elle n'a pas encore été réellement évaluée que déjà nos politiques y voient la solution à tous les problèmes. À les entendre, il faut avant tout être proche du citoyen quitte à organiser des tournois de foot. Certes, mais qui arrêtera les voleurs ? Je suis convaincue que la police sert à maintenir l'ordre, à défendre les institutions, et qu'elle doit pouvoir s'en prendre à ceux qui transgressent le pacte social. Avec justesse et sévérité. Avec courage et mesure. Mes pensées déplaisent, elles ne sont pas conformes à l'angélisme ambiant. Tandis que je rouspète, j'apprends que désormais les commissariats ne seront plus ouverts en permanence, ils fermeront et ouvriront à heures fixes. Les policiers sont invités à devenir des assistantes sociales en uniforme.

Ayant lu ces quarante pages sur la nouvelle doctrine, je passe bavarder avec mon supérieur, un contrôleur général avec lequel je m'entends bien. Il me dit comprendre mon point de vue, le partager, mais ne rien pouvoir faire. «Venez avec moi à la Direction générale de la Police nationale, nous avons une réunion mardi prochain, je vous emmène.» Jeune psychologue, je vais ainsi participer à une réunion de très haut niveau place Beauvau, durant laquelle, fort intimidée, je me contenterai d'écouter bouche bée ces huiles de la police. Mon patron essaie de faire valoir nos doutes, il rapporte la circonspection de la base que ces instructions nouvelles inquiètent. Ses efforts sont vains. Pendant notre trajet de retour, il soupire : «Nous ne pouvons rien faire, ce sont des ayatollahs de la polprox.» Il ne me laissera pas tomber, m'aidant à me réorienter vers quelque chose qui me permette d'échapper à ce sentiment d'impuissance et d'inutilité.

Pour calmer ma colère, je m'inscris à des week-ends de formation en criminologie, que je paie sur mes deniers. Le profilage est une technique encore balbutiante, qui consiste à tenter de comprendre les motivations intimes des criminels, à remonter le fil sombre et secret qui les pousse à passer à l'acte. Elle s'attache aux comportements des auteurs et des victimes. On apprend à entrer dans leur cerveau, dans leur tête, dans leur cœur, dans leurs tripes. La démarche, d'inspiration clinique, se base toujours sur les éléments de l'enquête. L'analyse criminelle, elle, est en revanche plus tangible. Elle rassemble toutes les informations collectées autour d'un crime, les confronte, les connecte, et ainsi sert à trouver des pistes pour confondre les auteurs.

Ces week-ends de formation achevés, qui m'ont pourtant donné envie de poursuivre, je suis, à ma demande, missionnée au Kosovo. Trente pays, membres de l'Otan, envoient des formateurs de police aider les autorités locales à reconstituer une police fonctionnelle. Parmi des policiers américains, anglais, espagnols et bien d'autres, je travaille dans des conditions difficiles. Le pays est dévasté, la population méfiante et épuisée. Pas d'eau chaude, de l'électricité par intermittence, des amas gigantesques d'ordures qui occupent les trottoirs et attirent des colonies de rats le jour et des nuées de corbeaux la nuit. Nos déplacements sont hasardeux. Un soir, les policiers de notre école sont avertis que le pont de Mitrovica est occupé par des manifestants kosovars, manifestement excités et prêts à en découdre avec les Serbes. Or, un de nos traducteurs, serbe, habite sur l'autre rive de ce pont, qui sépare le quartier majoritairement albanais de celui à dominante serbe. Les policiers décident de le ramener en voiture à son domicile, tant sa sécurité paraît compromise. Nous installons le traducteur à l'arrière, assis entre nous, afin de le protéger, et partons tous les cinq, dans un 4×4. Pendant le trajet, inquiète par la mine livide et l'air égaré de notre passager, j'entame la conversation. D'un ton monocorde, il me raconte avoir la veille, dans un bar en bas de chez lui, retrouvé des amis. Un quart d'heure après les avoir quittés, explosion d'une grenade. Il descend en courant. Le bar est dévasté, un de ses amis tué, les autres gravement blessés. Je comprends alors qu'il est en état de choc, les images sanglantes lui occupent la tête, la douleur du deuil ne s'est pas encore frayé un chemin. Comme un robot, absent au monde, il est venu travailler. Nous arrivons vers le pont redouté, qu'un brouillard épais noie dans une poisse opaque. La foule hostile – des hommes, des femmes, des enfants – bloque notre passage, nous contraignant à nous arrêter. Ils tentent d'ouvrir les portières. Constatant qu'elles sont fermées, ils se mettent à secouer violemment notre véhicule, essayant de le renverser. Je tente de rassurer notre traducteur du regard. Nous redémarrons et passons très lentement. Soudain, une crosse frappe le carreau, juste à côté de ma tête. Un soldat de la KFOR me demande d'ouvrir la vitre. En anglais, il nous signale que nous ne devons pas passer le pont, un sniper, embusqué depuis quelques jours, y a déjà tué plusieurs personnes. Les policiers lui répondent qu'ils n'ont pas le choix, ils doivent traverser pour ramener le traducteur auprès de sa famille. Le soldat, visiblement inquiet, nous laisse avancer. «Et dire que pour une fois, nous n'avons pas le 4 × 4 blindé…», dit alors un de mes voisins. Mon sang se fige. Une voix intérieure me dit que la peur est inutile, que notre sort nous échappe. Je m'efforce de respirer calmement. Roulant derrière un char, nous traversons le pont. Le sniper ne se manifeste pas, le brouillard l'a peut-être empêché de tirer. Je recouvre mes esprits, la fin n'était donc pas pour aujourd'hui. Nous déposons le traducteur chez lui. Le lendemain, nous apprendrons qu'il est parti se réfugier en Serbie.

Dans les sous-sols de l'école de Mitrovicq, les Américains ont aménagé une salle d'entraînement au tir, dans laquelle sont projetées sur un grand écran des reconstitutions de scènes vécues par des policiers. Armés d'un faux pistolet, nous visionnons les situations et devons, en quelques secondes, décider de tirer ou pas, il s'agit de décider si nous nous trouvons dans un cadre de légitime défense. Un homme extrêmement agité, probablement sous l'empire de drogue dure, tient un bébé dans ses bras, il est armé d'un grand couteau. Voyant la police arriver, il menace de tuer l'enfant en posant le couteau sur sa gorge. Je n'hésite pas, je fais feu. Pleine tête. Étonnement de nos instructeurs américains. Parmi les policiers français, je suis la seule à avoir tiré avant que l'homme n'égorge le bébé. Ils voudraient comprendre ce geste. Je tire bien ; des amis m'emmènent tous les week-ends m'entraîner aux «pistoliers d'Auteuil», cette pratique sportive m'amène à tirer bien plus souvent que la majorité de mes collègues, qui, faute de budget, ne peuvent s'exercer qu'en de rares occasions. Ma pratique explique que je me sois sentie assez sûre de moi pour viser l'homme et ne pas toucher l'enfant. D'autre part, je crois avoir osé le coup de feu parce que j'avais bien conscience d'être dans une salle d'entraînement; si je me trompe, ce n'est pas grave. Tirer n'est pas mon métier. Pour mes camarades policiers, cette question est cruciale. En quelques microsecondes, ils doivent choisir de faire feu ou non, d'engager la vie d'un tiers et la leur. La légitime défense s'inscrit dans un cadre strict, elle doit éviter la mort immédiate et réelle. Dans notre exercice de simulation, cet homme menaçait-il ce bébé ou voulait-il faire pression sur les policiers? Comment deviner l'intention de la personne? Pour respecter scrupuleusement les modalités de la légitime défense, il aurait fallu n'avoir fait feu qu'au moment où l'homme commençait à égorger le bébé… En école de police, des élèves m'ont confié ne jamais vouloir sortir leur arme et préférer être tué plutôt que de risquer la prison. La légitime défense est une situation à ce point épineuse et subjective qu'elle requiert souvent l'avis de plusieurs experts décrétant si elle était en jeu ou non. Dans l'action, le policier ne dispose que de quelques fractions de seconde pour décider de ce qu'il peut faire. Cette responsabilité pèse.

Je demande à intégrer l'équipe multinationale des formateurs, séduite par l'enseignement très pragmatique des policiers anglo-saxons, mais je suis recalée à cause de mon anglais assez misérable. Je rentre à Lognes y deviser des bienfaits de la police de proximité, ce luxe. Je supporte encore moins ces beaux discours et parviens rapidement à convaincre mon supérieur de me laisser reprendre une formation au profilage et à l'analyse criminelle.

La police française connaît mal cette science nouvelle, elle se méfie de cette expertise dont elle n'a, semble-t-il, guère le temps de s'occuper. Je serai donc formée à l'analyse de profil par deux Belges, un major de la gendarmerie spécialiste du profilage et un de ses collègues, responsable des analyses criminelles.

Logée dans une caserne, vide et venteuse, d'Ixelles, un quartier de la capitale belge, j'étudie durant quatre mois et apprends la complexité du logiciel d'analyse criminelle, Anacrim. Un outil imposant, dans lequel toutes les données rassemblées au fil d'une enquête criminelle sont entrées, ce qui lui permet de faire émerger des liens, auxquels un cerveau humain devrait consacrer des années de réflexion. Le logiciel ordonne, croise les milliers de détails – des lieux, des activités de bornes téléphoniques, des personnes, des entretiens, des questionnaires de voisinage, des repérages de voitures, des horaires de transports, etc. – et fournit un graphique illustrant des connexions, invisibles ou presque pour les enquêteurs. L'aide fournie par ce logiciel est importante, toutefois son maniement exige des compétences techniques et informatiques de haute volée. Comble pour moi, le logiciel est en anglais. Quand il a du temps, Didier – «l'analyste de profil spécifique» comme on dit en français, et non le profiler, terme anglais – me donne des cours particuliers. J'en suis friande, le logiciel dépasse souvent mes connexions cérébrales de littéraire, d'autant plus qu'il fait appel à des connaissances en procédure belge et en techniques policières dont je suis dépourvue. Un jour, alors que nous sommes tous les deux dans son bureau, il me lance :

— Frédérique, il faut qu'on parle du dépeceur de Mons.

En finissant sa phrase, il ouvre un dossier de photos qu'il me met sous les yeux. J'ai à peine le temps de respirer que je regarde une tête de femme, posée toute seule sur une table d'autopsie. Puis une autre, encore une. Des photos de bras, de jambes, de torses découpés en petits morceaux. Didier me demande de les lui commenter, de lui dire ce que je vois, ce que je comprends, ce qui m'étonne. Mon esprit s'embrouille devant la dureté des images et je songe avec émotion à mon collègue de Rennes qui avait fait preuve de plus d'égards à mon endroit lorsque j'ai dû m'approcher de mon premier cadavre en décomposition. À quoi cela sert-il de brutaliser ainsi? À endurcir? J'apprendrai qu'il y a deux écoles dans la police. Celle qui provoque pour aguerrir et celle qui prépare au choc, laissant la personne s'habituer. La seconde me paraît plus efficace, elle évite le dégoût, la panne émotionnelle du cerveau. Bientôt, je saurai que le cerveau a besoin d'un laps de temps allant de quelques minutes à soixante-douze heures pour s'habituer à une image violente. Telle est la durée d'une «réaction aiguë à un facteur de stress», et confirmerai ainsi mon intuition; la méthode d'habituation douce donne de meilleurs résultats que celle de mon ami belge, partisan de l'impact frontal. En attendant, je n'ai pas le choix. Je me lance.

— Les dents du cadavre sont roses, dis-je d'une voix chevrotante.

— Bien vu. Et tu sais ce que cela implique ? C'est le signe qu'elle est morte étouffée. Continue !

— Je note que les membres sont soigneusement découpés.

— Articulations bien déjointes, opine mon instructeur, ce qui pourrait conduire à aller chercher du côté de ceux qui ont appris à découper des cadavres d'animaux. Quoi d'autre ?

Il m'apprend que le « dépeceur de Mons » n'agresse pas sexuellement ses victimes, il les choisit parmi des femmes faibles et perdues, en grande difficulté sociale, il les tue en les étouffant à l'aide d'un sac en plastique, puis les découpe et éparpille les morceaux dans des rues aux noms évocateurs : chemin de l'Inquiétude, rue du Dépôt, rivière de la Haine, rue de la Trouille. Il n'a jamais été retrouvé. Seulement moi, la nuit suivante, dans ma caserne vide d'Ixelles, je ne trouve pas le sommeil. Je sens que le dépeceur me guette sous mon lit, je vois la tête aux dents roses posée sur la table. Je comprends vaguement que si j'ai tant de mal à supporter cette vision, alors que les photographies des autres morceaux de corps me laissent indifférente, c'est parce que la tête éveille en moi le souvenir des récits de mon beau-père, de « sa » tête d'accidenté qui roula en contrebas de la chaussée et vint s'écraser contre sa chaussure.

Je réalise que ce n'est pas par hasard que j'ai choisi de devenir une experte en psychologie criminelle, mais bien parce que j'ai éprouvé très tôt la banalité du mal, la proximité de la folie.

CHAPITRE SIX

Dans la tête du criminel

Mon métier, personne ne me l'a, à proprement parler, enseigné. J'ai dû seule l'inventer, me former, étudier, chercher, me documenter. Certes, j'ai reçu des bases, mais ô combien lacunaires. L'enseignement, dispensé à la faculté, était balbutiant. Celui que j'ai découvert en Belgique passionnant mais parcellaire. Confrontée à la complexité des dossiers criminels, j'ai moi-même rassemblé des connaissances, des expériences, des théories. Le profilage criminel n'est pas une priorité pour la police française, qui demeure exclusivement concentrée sur la procédure et les preuves matérielles. J'ai souvent fait observer à mes supérieurs qu'il était tout de même malheureux que je ne dispose, pour alimenter mon travail, que d'études américaines ou canadiennes. J'ai réclamé qu'on mette en place un programme de recherche, qui consisterait à reprendre toutes les grandes affaires, afin d'en tirer des statistiques, des connaissances, des éléments qui permettraient d'avancer plus vite lorsque nous nous retrouverions confrontés à d'autres crimes semblables. Ma hiérarchie m'a gentiment écoutée et, tout aussi gentiment, fait remarquer que les budgets n'étaient pas extensibles...

Il est dommage que la police française ne se donne pas les moyens d'améliorer cette compétence, la criminologie est une science sérieuse qui repose, entre autres, sur des compilations de statistiques. Or, celles-ci, anglo-saxonnes, émanent d'une société très différente de la nôtre. Dans les années 1980, par exemple, à l'époque où ces études démarrent avec la création aux États-Unis de la première Unité d'analyse comportementale, la Behavorial Science Unit du FBI, ce pays ne connaît que peu la mixité sociale ; chaque groupe – les immigrés hispanophones, les Asiatiques, les Afro-Américains, les Blancs – vit en communauté relativement hermétique. Il est ainsi assez commode de conclure que, le plus souvent, l'appartenance ethnique d'une victime indique celle de l'auteur du crime, tant il est admis qu'on y tue fréquemment au sein de son groupe. En

France, une certaine hétérogénéité sociale rend impossible l'utilisation d'une telle donnée. Nous ne disposons que de très peu d'études orientées vers les besoins de l'analyse de comportement. Or, déduire à partir d'une scène de crime, la personnalité, le type psychologique et sociologique de l'auteur, est un travail qui nécessite des données fiables. Nous gagnerions à ce que de tels travaux soient conduits par des psychologues et des policiers.

Il peut sembler surprenant d'affirmer que la criminologie repose sur des statistiques, car il est rassurant de considérer que le crime est un geste pervers, soudain, irraisonné, qui échappe à toute logique. Nonobstant certaines exceptions, le crime obéit généralement à une certaine logique, il a des règles, des ressorts, il répond à un enchaînement. Aux États-Unis, les homicides ont été étudiés dans leurs moindres détails, afin de fournir aux profileurs des statistiques solides. Ainsi, il est avéré que 75% des crimes d'enfants impliquent leurs parents ou des proches[1]. À quoi cela sert-il d'avoir ce taux à l'esprit?

---

1. Centre canadien de la statistique juridique, Juristat, 1995.

Les policiers travaillant sur l'assassinat d'un enfant doivent en priorité s'intéresser à son entourage. Cette réalité heurte l'opinion, prompte à éprouver du chagrin pour ceux dont l'enfant a été tué, mais les enquêteurs, eux, doivent échapper à cette compassion, et garder à l'esprit que, dans trois affaires sur quatre, les plus proches de la petite victime sont directement impliqués dans sa mort. Les statistiques criminelles permettent de gagner du temps dans l'enquête.

Dans les années 1970, le FBI américain a voulu comprendre les tueurs en série. Dans les prisons, où ils étaient incarcérés, il a dépêché des experts ayant pour mission de tout apprendre sur eux, de rassembler tous les éléments possibles sur leurs actes. Ces spécialistes les ont interrogés sur leur métier, leur âge, leur situation matrimoniale, leur enfance, le métier de leurs parents, la taille de leur fratrie et leur place au sein de celle-ci, leur scolarité, leur salaire, leur logement, leur voiture, leurs habitudes alimentaires, leurs émissions télévisées préférées. Ces milliers de données précises ont été compilées dans des statistiques fines, permettant de connaître au plus près les profils types des tueurs en série. C'est ainsi que le FBI a, entre autres, découvert qu'un tueur en série, avec une fréquence de

80 %, commençait ses crimes dans sa «zone de confort». Il tue la première fois à proximité de son domicile ou de son ancien domicile, à côté du lieu où il travaille ou de celui où il a long-temps travaillé. Ni trop près, il pourrait être reconnu, ni trop loin, il serait perdu. Lorsqu'il a perpétré plusieurs crimes dans cette zone rassurante, dont il connaît les recoins, les habitudes des habitants, il gagne en confiance et s'aventure au-delà de ce périmètre, il élargit sa zone de confort.

Les tueurs en série américains ont éga-lement été étudiés sous l'aspect «psycho-dynamique», c'est-à-dire au-delà des données concrètes et statistiques. Il leur fut demandé de raconter leur histoire de vie, d'exposer leurs motivations, de confier leurs senti-ments. Ils ont dû expliquer pourquoi ils avaient choisi cette victime plutôt que telle autre, et il est ainsi surprenant de décou-vrir que les tueurs organisés ne désignent jamais de manière aléatoire leur victime; ils la choisissent. L'agresseur la sélectionne, il a ses raisons pour s'en prendre à elle. Soit elle ressemble à cette petite amie qui l'a éconduit, soit elle lui rappelle sa mère, ou encore elle lui semble si fragile, si faible, qu'il pense avec elle ne pas courir de risques. Il sent qu'elle ne s'autorisera pas à réagir, qu'elle n'ira pas contrecarrer son envie violente. Il est dérangeant d'entendre qu'une victime répond à un « casting », mais c'est une donnée scientifique, validée en criminologie. Des psychologues américains ont fait visionner des films à des centaines de détenus. Ces saynètes présentaient des gens marchant dans la rue, elles avaient été tournées à des heures d'affluence et ne montraient que des passants, anonymes, déambulant. Les professionnels ont demandé aux criminels quelles victimes dans cette foule ils auraient choisies. Pourquoi celle-ci et pas celle-là juste derrière, même âge, même allure, même démarche ? Les prisonniers ont livré leurs explications et ainsi permis d'établir quelques théorèmes criminels. Les profils types des victimes sont, soit des gens qui marchent très vite, à une allure un peu saccadée, soit des personnes qui avancent en fixant le sol, le torse penché, les épaules tombantes.

Des psychologues néozélandais[1] ont, quant à eux, constaté que des observateurs jugent certaines démarches comme étant celles de personnes ayant davantage de risques de se

---

1. Dont les travaux sont consultables sur le site psy-bernetique.com

faire agresser. Ces différences ont été perçues tant chez des hommes que chez des femmes. Quels sont ces signes de vulnérabilité ? Les petites enjambées, de faibles balancements des bras et une façon prudente de poser le pied sur le sol. En revanche, les grandes enjambées, d'amples balancements des bras et un contact résolu du pied sur le sol dissuadent les agresseurs. Les psychologues Kikue Sakaguchi et Toshikazu Hasegawa, de l'Université de Tokyo, ont soumis des femmes à de multiples tests de personnalité et leur ont demandé dans quelle mesure, et avec quelle fréquence, elles avaient pu être la cible de « contacts de nature sexuelle non désirés » (par exemple, avoir été touchées par un inconnu sur les parties intimes dans une rame de métro bondée). La démarche de ces jeunes femmes était enregistrée. On présentait le film à des hommes. Ils devaient dire à quelle femme ils choisiraient de faire des avances sexuelles. Les résultats ont mis en évidence un lien : les femmes, victimes de contacts tactiles non désirés, sont celles que les hommes avaient repérées comme pouvant les intéresser. Il existe donc un comportement, une attitude qui attire les esprits déviants. Les chercheurs japonais ont étudié ces femmes que les hommes ciblent. Et découvert qu'elles obtiennent des scores plus faibles aux tests de sociabilité, elles sont peu enclines à engager la conversation, moins à l'aise en société, plus timides. En outre, elles manifestent un tempérament pessimiste – elles pensent, le plus souvent, que les choses vont mal tourner – et manquent de maîtrise, elles perdent aisément le contrôle sur les situations, et laissent les autres prendre les commandes. Ces traits de personnalité correspondent à un tempérament moins dominateur, plus vulnérable aux actes mal intentionnés. Jusqu'ici, rien de bien surprenant. Mais que ces caractères se remarquent dans la démarche, voilà qui étonne.

Travaux confirmés par l'équipe de Joann Montepare, chercheur à l'université Brandeis, aux États-Unis. Ces psychologues américains ont démontré que les individus dominants, comme les dominés, sont discriminés par les mouvements de leur corps. Les individus mal intentionnés les identifient dans une foule. Ces hommes se comportent comme les animaux, qui chassent seuls ou en meute, ils évaluent leurs proies avant d'attaquer celles qu'ils ont le plus de chances de capturer.

Ces travaux n'ont guère d'équivalent en France. La police française n'a ni étudié les auteurs multirécidivistes en prison, ni d'ailleurs cherché à mieux comprendre les ressorts intimes des criminels. Elle s'est ouverte à la psychologie presque à son corps défendant. Lorsque je suis arrivée à la Brigade criminelle, les policiers de terrain m'ont accueillie avec circonspection pour les plus aimables d'entre eux, et avec une persistante hostilité pour certains. Certes, ils recrutaient des psychologues au sein des services d'aide aux victimes, mais dans une approche thérapeutique. Pour soutenir, accompagner, aider ceux qui avaient subi une agression, non pour comprendre le crime et ses auteurs. Pour convaincre les policiers que je pouvais leur être utile, j'ai dû leur prouver que mon regard, différent du leur, pouvait leur apporter un complément, et surtout, leur démontrer que je ne prétendais pas diriger l'enquête mais la partager, soutenir, la nourrir. Ce ne fut pas toujours facile, mais en revanche toujours passionnant.

Comme j'ai vite réalisé qu'avoir étudié sommairement le profilage auprès de la maréchaussée belge n'allait pas me suffire, je suis allée à la rencontre de l'unique spécialiste français des tueurs en série, comme on nomme ces personnes qui ont assassiné plus de trois fois : Stéphane Bourgoin[1]. Ce spécialiste à la mine bonhomme et au sourire désarmant tient dans le XVIIIᵉ arrondissement de Paris une minuscule librairie, consacrée aux romans policiers et à la criminologie. « Le Troisième œil » – un nom issu de la mystique orientale désignant ainsi l'œil qui permettrait d'aiguiser la connaissance de soi – rassemble tous les ouvrages publiés, en anglais, sur la criminalité. Stéphane Bourgoin et son épouse, traductrice de profession, animent en outre un blog Internet qui recense chaque jour les crimes commis dans le monde entier : un enfant jeté dans un fleuve par son père, une femme poignardée cent trente fois, un fils qui a coupé son père en morceaux et l'a caché des années dans son meuble de télévision, un nécrophile, un crime fétichiste, un autre cannibale... Cette particulière collection offre des annales exceptionnelles. Stéphane Bourgoin est le seul Français à avoir étudié les tueurs en série américains, qu'il est allé interviewer dans leur cellule. Sur chacun d'entre eux, il a écrit des biographies rigoureuses, dans lesquelles il leur donne longuement la parole. Quand je lui ai expliqué que je venais d'intégrer la Brigade criminelle

---

1. *Serial Killers*, Stéphane Bourgoin, Grasset, 1993.

et que je manquais de données pour travailler mes profils comportementaux, il m'a aidée, m'apportant ses meilleurs ouvrages, ses documents de travail, ses recherches. Nous nous sommes beaucoup vus, beaucoup parlé, et il m'a offert d'accéder à des études du FBI, institution avec laquelle il communique régulièrement. Stéphane Bourgoin est un esprit singulier, qui travaille toute la journée à collecter les pires crimes de la planète et, le soir venu, se délasse en regardant des films policiers. Pourtant, il aime la vie, cuisine avec talent, apprécie de rassembler ses proches dans de bons restaurants. Sa passion pour les criminels peut dérouter, mais son expertise m'a été précieuse. J'ajoute qu'il a toujours respecté mon obligation de silence et n'a jamais cherché à me faire parler des enquêtes sur lesquelles je travaillais.

Lorsque j'ai obtenu mon poste à la Brigade criminelle, la mode était d'ouvrir les portes de la police, ou de la justice, à des profils nouveaux. Je ne sais trop d'où venait cette soudaine propension, je crois que cela correspondait au désir qui animait alors les hautes sphères de la hiérarchie, de moderniser les méthodes. C'est l'époque où Jean-François Abgrall, un ancien gendarme, passionné de psycho-criminologie, se fit connaître ; il avait contribué, grâce à une enquête rigoureuse, en 2002, à faire reconnaître l'innocence de Patrick Dils, un apprenti-cuisinier condamné en 1989 pour le meurtre de deux garçons à Montigny-lès-Metz, et également fait progresser de manière spectaculaire l'enquête sur « le routard du crime », Francis Heaulme. Si l'ancien militaire Abgrall bouleversa des enquêtes grâce à ses méthodes innovantes et scrupuleuses, il demeurait toutefois un cas isolé.

Beaucoup d'experts autoproclamés tentèrent de profiter de ses succès, en se faisant à leur tour passer pour des « profileurs » devins. Ainsi, je croisai une fois dans nos locaux une « profileuse », qui, à la demande de juges d'instruction, avait expertisé plusieurs dossiers criminels. Une femme intelligente, formée à la psycho-criminologie, mais dont le comportement à l'endroit des officiers de police sema le trouble. Il fut donc décidé de ne pas s'en remettre à ses travaux et de l'éloigner des brigades. D'autres vinrent également proposer par téléphone leurs services, comme ce volubile « expert » qui, bien qu'il n'ait jamais approché directement de criminel, ni même participé à une enquête policière, proposa ses techniques. Ce déroutant personnage faisait sa publicité en distribuant des cartes de visite dans les couloirs des tribunaux, où étaient jugées les grandes affaires. L'expert autoproclamé n'a pas réussi à convaincre la Brigade criminelle de ses talents. Ces «profileurs» aux talents contestés m'ont paradoxalement facilité le travail. En observant leurs méthodes d'approche et leurs discours, j'ai trouvé surréaliste que des psychologues puissent émettre des avis sur une enquête de police, dont ils méconnaissent le contenu. Je choisis, par nature et par conviction, de conserver une position moins péremptoire. J'émets avec précaution des hypothèses respectueuses du travail des policiers. Enfin, et ce n'est pas un détail, je suis officiellement psychologue de la Police nationale, un statut qui m'oblige.

Je n'arrive pas à la fin d'une enquête en décidant souverainement que le coupable doit être ainsi, ou avoir vécu cela pour avoir tué comme ça... Je participe, dès son démarrage, au cœur des investigations policières. Je talonne les enquêteurs, je les accompagne, je me colle discrètement à eux. Autant que possible, je me rends sur la scène de crime, j'assiste aux enquêtes de voisinage, j'écoute les auditions, j'examine les scellés. Je travaille avec les policiers. Je ne suis pas prophète, je ne

possède ni baguette magique ni flair extrasen-
soriel. Je connais le moindre détail du dossier
et me contente de partager des réflexions.
Sans jamais rien imposer. J'apporte un mode
de raisonnement, qui respecte celui des policiers, mais s'en différencie. Je ne suis pas un
policier de plus, je suis une psychologue qui
peut aider en portant à la connaissance des
enquêteurs des informations, des théories
validées, fondées. J'évite toujours le jargon
psychologisant, je bannis de mes rapports
tous les termes grandiloquents et techniques.
Je parle simplement, je veille à n'apporter que
des éléments pragmatiques.

Si j'ai pu aider mes collègues à résoudre des
affaires, c'est parce que je suis capable, en me
fondant exclusivement sur les faits recueillis,
de me mettre dans la peau d'un criminel.
Nourrie d'éléments validés, je parviens à
construire son comportement déviant, je
trouve de la cohérence dans sa démarche.
Même si celle-ci peut apparaître folle, erra-
tique, impulsive, je sais qu'elle obéit à un
schéma, qu'elle s'inscrit dans un déroulé orga-
nisé, dont je cherche la clé. L'auteur d'un
homicide, l'agresseur sexuel, le violeur, le
tueur de masse, le tueur en série, chacun obéit
à un système de pensée, que je m'efforce de

retrouver et de mettre à plat. Émotionnelle-
ment, intuitivement, je parviens, en étudiant
un dossier d'enquête, à me glisser dans la tête,
dans le corps, dans les émotions, dans l'histoire de l'auteur d'un crime. Je deviens lui. Je
me mets moi, Frédérique, blonde, mariée,
aimant la bonne chère et les vins, de côté, je
mets à distance ma personnalité et j'intègre la
logique du suspect. Je peux dire qu'il a res-
senti telle blessure, qu'il est habité de telle fai-
blesse, qu'il est motivé par telle envie. En
occupant l'esprit du criminel, je suis capable
d'indiquer aux enquêteurs que si on choisit
telle action, si on pose telle question, on a des
chances que la personne recherchée réagisse
ou réponde de telle manière. Face à un crime,
j'ai souvent rejoué pour moi-même, et parfois
avec les enquêteurs, la scène telle qu'elle a pu
se dérouler. Dans la position du criminel, je
mime ses gestes, j'imagine les réactions de la
victime, comment l'agresseur s'est placé,
comment il a plié les genoux, tendu le bras,
tourné la tête, soufflé, soupiré, transpiré,
forcé, crié. Ensemble, nous glissons peu à peu
dans cet instant fatidique, la scène s'incarne,
elle parle, elle livre ses secrets. Il est étrange de
vivre ces instants où le mal, la mort, la souffrance, la peur rôdent. Elles prennent forme
dans la soupente tiède où nous travaillons.

Nous visualisons le crime et celui-ci cesse alors d'être un dossier technique, il devient vivant, il approche notre humanité, il se revêt d'émotions négatives et fortes. L'enquête prend un autre tour, elle s'est faite chair et douleur. Il est alors plus facile de penser comme le criminel, de suivre sa logique et de le pister. Je me suis rarement trompée. Je ne suis pas une sorcière, je suis une experte en psycho-criminologie qui parvient à comprendre, à habiter la tête d'un criminel, car je connais son histoire. Je suis familière du mal. Je l'ai approché de si près.

Il importe de comprendre que nous sommes profondément déterminés par des événements antérieurs, ceux qui, dans l'enfance, nous ont marqués. Cette vérité constitue une partie importante du profilage. Chaque acte obéit à une raison cohérente, chaque comportement psychologique que nous adoptons renvoie à une histoire, à un parcours singulier. Il en va, à cet égard, pour les criminels comme pour nous tous. L'auteur d'un délit ou d'un crime porte en lui des événements sources. Son histoire est ponctuée de blessures : une répétition d'abandons, une terrifiante enfance, des sévices sexuels, des maltraitances, une accumulation qui, soudainement, fait s'écrouler son équilibre psychique et le fait basculer. Lorsque j'explique cet aspect à des policiers, il y en a toujours un pour me citer le contre-exemple : le tueur fou qui aurait vécu dans une famille aimante et stable. Peut-être que de tels cas existent, mais je suis encline à croire que ces dossiers n'ont pas permis de révéler la faille et que si l'on avait su où fouiller, on aurait trouvé chez ces délinquants des raisons cachées à leur acte. Progressivement, j'ai réussi à ce que les policiers, lorsqu'ils auditionnent un suspect, élargissent le cadre de l'interrogatoire et s'efforcent d'en apprendre davantage sur son histoire personnelle. Ils le faisaient avant que je les rejoigne, mais je crois qu'à mon contact, ils en ont mesuré l'intérêt.

Une jeunesse chaotique peut amener à devenir un criminel. Et si à l'évidence la majorité des victimes de mauvais traitements demeurent du côté du bien, de la maîtrise de leurs pulsions, c'est vraisemblablement parce que, contrairement aux criminels, elles ont bénéficié de l'aide de tuteurs, d'un accompagnement bienveillant qui leur a permis de cicatriser et de poursuivre. Ceux qui entrent dans des schémas criminels n'ont pas trouvé sur leur chemin un tel soutien. Je n'excuse pas les criminels, je suis pour l'application de sanctions justes et sévères, pour le châtiment, mais j'éprouve pour l'enfant, pour l'adolescent que ce tueur, ce violeur, cet agresseur a été une grande compassion. On ne naît pas habité par le mal, on le rencontre et on parvient ou non à s'en défaire.

CHAPITRE SEPT

L'affaire Bloch

L'affaire Bloch. C'est ainsi que les policiers l'ont nommée. Une appellation inexacte, ou plus exactement insuffisante car Cécile Bloch n'est qu'une des victimes de ce tueur en série, tout comme le sont Nelly, la jeune fille au pair allemande, et Christophe, le père de famille qui l'accueillait. Sophia, Noëlle et Isadora ont également eu à subir les violences de ce criminel, mais elles ont survécu. Les faits, échelonnés sur huit ans, ont été perpétrés dans Paris et dans sa banlieue lointaine. Les enquêteurs auront du mal à relier ces crimes si différents les uns des autres, tant leur mode opératoire fluctue et se brouille, jusqu'à ce que des prélèvements d'ADN le leur permettent.

En 2001, lorsque j'arrive à la Brigade criminelle, les policiers ont rassemblé les dossiers jusqu'alors distincts en plusieurs hautes piles, à même le sol dans une soupente défraîchie. Des centaines, des milliers de pièces de procédure, de relevés téléphoniques, d'enquêtes de voisinage, d'expertises scientifiques, des tonnes de papiers qui ne mènent nulle part. Des années de travail vain, alors que trois familles, atrocement endeuillées, trois autres terriblement souffrantes, nous pressent de trouver le coupable.

La Brigade criminelle porte un surnom à l'orthographe volontairement fluctuante : la brigade des seigneurs ou celle des saigneurs. Cent policiers, dont trois femmes. Pas des tendres, et peu enclins à accueillir les nouveaux venus. Je cherche un stage en police judiciaire pour valider mon diplôme. J'espère l'effectuer à la Brigade des mineurs, car un violeur d'enfants sévit alors dans la capitale.

À ma grande surprise, Frédéric Péchenard, à l'époque patron de la police judiciaire, et Martine Monteil, responsable des ressources humaines, m'annoncent vouloir m'intégrer à la Brigade criminelle. Péchenard, dont le magnifique bureau – celui qu'occupe le commissaire Maigret dans les romans de Simenon – plonge sur la Seine, me reçoit en entretien. J'hésite à accepter sa proposition. Je regarde par la fenêtre. Péchenard me dit alors avoir pensé que je pourrais aider dans l'affaire Bloch. Cette perspective emporte ma décision. J'accepte.

Pour travailler sur cette tentaculaire enquête, le patron de la police a désigné six personnes. Un petit groupe que dirige Odile, «la petite Odile», une femme solide et respectée. Ma position est délicate, je succède à un psychologue qui, pour des raisons confuses, emportait en cachette des dossiers à son domicile. Pourtant, bien qu'encore un peu jeune – j'ai trente ans –, bien que femme, bien que psychologue, je parviens petit à petit à me faire une place dans ce groupe d'enquêteurs et plus largement parmi la Brigade.

Sur l'affaire Bloch, mon travail consiste à confier au fameux logiciel d'analyse criminelle, dont j'ai appris le maniement en Belgique, les dizaines de milliers d'informations contenues dans ces amas de papiers. Durant quatre mois, je saisis dans l'ordinateur tout ce qui a été collecté par les enquêteurs, espérant trouver une piste qui nous permettrait d'identifier l'auteur de ces crimes, l'homme qui a tué Cécile Bloch, Nelly et Christophe. Je travaille seule, concentrée, m'habituant au frôlement des souris, qui se faufilent entre les placards, comme à la présence des cafards qui escaladent les tuyaux. Je lis et note sur un bloc tout ce qui pourrait être exploré, toutes les questions, les hypothèses, les pistes. Mon interlocuteur privilégié est Christian, l'officier de police qui sert de procédurier au groupe. Ce policier breton à l'humeur volontiers taciturne est réputé pour sa calme obstination. Son travail consiste à veiller à ce que l'enquête obéisse aux règles procédurales, que tout acte soit scrupuleusement conforme à la loi. Il se rend sur la scène de crime, s'occupe du cadavre et de son environnement immédiat, recueille les informations glanées, celles qui proviennent des enquêtes de voisinage, des interrogatoires, des examens de relevés téléphoniques, il assiste à l'autopsie. Il collecte, il archive, il centralise. Extrêmement minutieux, il ordonne avec précision tous ces éléments dans un «acte de constatations», ne négligeant aucun aspect, car ce qui avait semblé n'être qu'un détail peut se révéler un point déterminant. Le procédurier sait tout, il est au cœur de toutes les pistes.

Nous allons beaucoup travailler ensemble.

Le premier viol avec violence est commis en 1986 dans une cité du XIIIe arrondissement de

Paris. Le matin, à l'heure où les enfants partent à l'école, Sophia, âgée de huit ans, prend l'ascenseur. Exceptionnellement, sa sœur aînée ne l'accompagne pas, ses cours commencent plus tard. Dans l'ascenseur, se tient un homme. La fillette entre dans la cabine, elle appuie sur le bouton du rez-de-chaussée, elle ne sait pas que son agresseur a déjà programmé le 4e sous-sol, car les voyants de la cabine ne s'allument plus. Néanmoins, pour ne pas faire peur à l'enfant, l'homme appuie à son tour sur le zéro. L'ascenseur s'enfonce dans les sous-sols. Arrivé dans les caves, il la force à sortir, la tire par le bras sur plusieurs mètres, lui arrache son cartable. Sophia crie, l'agresseur la pousse sur un matelas posé sur le sol d'un couloir qui forme un coude, échappant aux regards. Avec une corde blanche, qu'il sort de sa poche, il ligote l'enfant, la déshabille, lui retire ses chaussures, l'étrangle jusqu'à ce qu'elle perde connaissance, puis la viole et la laisse pour morte. Il lui a fourré dans la bouche un chiffon jaune et sale. À plusieurs reprises, il lui crie de se taire. Son crime perpétré en vingt-trois minutes, il abandonne la fillette évanouie, qui parvient à se libérer et à rejoindre sa mère. Plusieurs témoins ont vu ce matin-là un type, vêtu d'un blouson de cuir, que personne ne connaissait, mais à 7 h 30 nul ne s'est inquiété de sa présence au sein de cette immense barre d'immeubles et d'ailleurs personne n'a précisément le souvenir de son visage. L'agresseur avait bloqué le bouton de l'ascenseur sur le sous-sol, un endroit de la résidence où personne ne se rend. Stratagème diabolique. Sophia dira que l'homme était jeune, propre, les cheveux châtains courts et qu'il portait un blouson de cuir. Elle évoquera un visage grêlé, des cicatrices. Elle décrira une mèche de cheveux qui lui pend sur le visage. Un homme de type européen, sans moustache, sans barbe ni lunettes. Il parle sans accent.

Sans qu'aucun élément d'enquête nous permette de relier formellement les faits, une agression similaire a lieu le 10 avril 1986, soit trois jours après l'agression subie par Sophia. Noëlle, sept ans, accompagne en fin d'après-midi sa mère au centre commercial. L'enfant a besoin d'une calculette, elle réalise qu'elle a oublié son argent de poche et rentre chez elle chercher son porte-monnaie. Elle note qu'un homme l'observe. Arrivée dans le hall de l'immeuble, elle s'étonne d'y retrouver cet inconnu qui la fixe. L'ascenseur arrive, la petite fille monte et l'homme la suit. Il appuie sur le bouton du 15e étage et lui demande auquel elle se rend. Elle répond qu'elle habite au 6ᵉ. L'homme appuie sur le bouton 3. Arrivé à cet étage, il bloque la porte, saisit l'enfant par le manteau, la tire vers l'escalier de service et la traîne jusqu'à un local de service. Il déshabille Noëlle, se déshabille aussi, tente de la violer. Entendant des pas dans le couloir, il remonte le pantalon sur l'enfant et se rhabille. De sa poche il sort un gant de toilette et lui essuie le visage, car elle pleure, puis s'enfuit. Noëlle dira que son agresseur portait un blouson de cuir vert. Elle le décrit comme étant de taille moyenne, corpulence normale, la peau du visage abîmée de petites cicatrices, les cheveux foncés, mi-longs, une mèche sur le visage. Pas très soigné, il ne porte ni lunettes, ni barbe, ni moustache. Ses yeux étaient marron.

Un mois plus tard, dans une cité du XIXᵉ arrondissement, le frère de Cécile Bloch descend dans l'ascenseur et y rencontre un inconnu. Un homme assez jeune, qui se tient au fond de la cabine, le regard baissé. Comme il est fréquent de croiser des inconnus dans cette cité, le frère marmonne une salutation, il doit arriver à l'heure en classe. Le type ne descend pas de l'ascenseur. On retrouvera

Cécile, onze ans, étranglée puis poignardée dans une cave, son cadavre, en partie rigidifié, gisant sous un rouleau de moquette. Elle a le bras ligoté dans le dos. Une plaie saigne sous son sein gauche. À côté d'elle, son cartable et cinq cordelettes, semblables à celles retrouvées auprès de Sophia. Son agresseur a tenté de la violer sans y parvenir, une donnée que nous retrouverons chez d'autres victimes et qui caractérise ce criminel.

Au printemps suivant, en avril 1987, Nelly est jeune fille au pair auprès de la famille P., qui habite dans le Marais. Elle dispose d'une petite chambre de bonne dans une rue avoisinante et rejoint tous les matins la famille, dont elle conduit la fille à l'école avant de retourner dans leur maison accomplir quelques tâches ménagères. Ce matin-là, Nelly emmène l'enfant jusqu'à sa classe. Sa mère est partie travailler, le père dort encore. La jeune fille sera retrouvée en culotte, pendue les bras en croix aux barreaux du lit superposé, dans la chambre d'enfant. Son cou est garrotté d'une ceinture, elle a une plaie sur le flanc droit et une brûlure de cigarette sous le sein droit. Christophe P., le père, est mort dans son lit, couché sur le ventre. Son agresseur lui a noué les bras avec les pieds dans le dos. Pour resserrer le nœud qu'il a fait avec une ceinture de peignoir de bain, il a pris le tisonnier de la cheminée. Dans la bouche de la victime, une écharpe verte sert de bâillon. Christophe a été étranglé et frappé de coups multiples, son épaule gauche porte la trace d'une brûlure de cigarette. Le tueur a fumé dans l'appartement. C'est son ADN retrouvé sur les mégots qui permettra, quelques années plus tard, de relier ce crime à celui de Cécile Bloch, comme à l'agression subie par Sophia.

Les policiers découvrent que le père de famille entretenait une liaison avec la baby-sitter et tiennent pour vraisemblable que le tueur ait dérangé le couple dans ses ébats. Il n'a sans doute pas violé Nelly. L'enquête de voisinage permettra d'établir que, la veille du crime, un homme aurait rendu visite à la jeune Allemande dans sa chambre de bonne. Est-ce lui ? Où l'a-t-il rencontrée ? À la piscine, où l'étudiante se rend régulièrement ? À l'école de la fillette qu'elle garde ? Dans l'agenda de Nelly, nous découvrons un nom : Élie Lauringe. Un « toc », comme les appelle la police, soit un nom imaginaire, fabriqué. Ce toc n'appartient à personne, c'est un nom parfaitement fictif, or il est extrêmement rare de parvenir à inventer un nom et un prénom que personne ne porte. Comment ce tueur en série a-t-il réussi à construire un pseudonyme aussi mystérieux ? Et d'ailleurs, est-ce bien lui qui se cache sous ce nom imaginaire ? Nous n'en savons rien.

Deux semaines passent. Mi-mai 1987, une nouvelle affaire survient. Une agression qui, faute d'éléments validés, n'est pas officiellement reliée à l'assassinat de Cécile Bloch, bien que des ressemblances nombreuses plaident en ce sens. Mais la procédure ne se contente pas d'approximations ou d'hypothèses, elle se nourrit de faits. Annicka, une jeune Allemande, entend des coups contre sa porte et des bruits de conversation sur un talkie-walkie dans le couloir. Elle décide d'ouvrir, l'homme lui montre une carte rayée de tricolore. Il se présente comme étant un policier, mandaté par les voisins que dérange le bruit qu'elle fait dans son appartement. Elle s'étonne, elle écoute en effet la radio, mais celle-ci n'est pas très sonore. L'homme demande à entrer, elle le laisse passer. Il lui réclame ses papiers d'identité, elle les lui tend. Il décline dans son talkie-walkie ses nom, prénom, adresse. Le « policier » sort une arme de sa poche, conduit la jeune femme dans sa chambre et la ligote avec des ceintures trouvées dans son armoire. Il lui demande de se déshabiller, elle refuse. Il saisit alors une ceinture et lui entoure le cou, en lui expliquant que c'est pour l'empêcher de crier. Il tente de la violer, puis lui attache les pieds à la table et les mains dans le dos et lui fourre un foulard dans la bouche. Il vole divers objets dans l'appartement et s'enfuit. Annicka signale aux enquêteurs que l'homme portait un blouson de cuir gris clair, et qu'il prenait manifestement beaucoup de plaisir à jouer le rôle d'un policier. Elle le décrit comme étant de taille moyenne, la peau grêlée par des traces d'acné, les cheveux foncés coiffés en arrière, les yeux marron. Elle précise qu'il parlait sans accent. Si aucun prélèvement d'ADN n'est possible, les policiers sont toutefois frappés par la similitude du mode opératoire avec les crimes précédents.

À l'automne suivant, Marielle, une adolescente de quatorze ans, rentre chez elle dans le XIVe arrondissement de Paris, en fin de journée. Un prétendu policier la suit dans le hall de l'immeuble, monte avec elle dans l'ascenseur et, parvenu devant la porte de son domicile, l'interpelle. Il lui présente une carte tricolore et lui réclame ses papiers, expliquant enquêter sur un réseau de prostitution dans son collège. Il lui pose de nombreuses questions, l'interroge sur la profession de ses parents, le nom de la personne qui veille sur elle tandis qu'ils travaillent, et note chaque réponse sur un petit calepin, mimant l'interrogatoire policier. Il la mène dans la chambre de ses parents, lui ligote les pieds avec une rallonge électrique et lui enjoint de ne pas crier, expliquant que cela le panique. Il la viole sur le lit, l'essuie avec la couette puis lui enfonce une chaussette dans la bouche, non sans avoir serré les liens qui lui entravent les pieds et les mains. Il vole divers objets dans l'appartement et s'enfuit. La jeune fille évoque un homme jeune, vêtu d'un blouson de cuir de couleur kaki. Là encore, ni moustache, ni barbe, ni lunettes, peau abîmée, cheveux châtains, yeux marron. Elle se souvient que ses mains paraissaient celles d'un travailleur.

En 1994, soit sept années après avoir agressé Marielle, Annicka, Nelly et Christophe, un homme, se faisant passer pour un policier, interpelle Isadora, une enfant de onze ans. Elle circule à vélo. La fillette obéit à son injonction, elle s'arrête et monte dans sa voiture. Il la menotte, la couche sur le sol du véhicule et roule près de cinquante kilomètres jusqu'à atteindre une ferme désaffectée sur le plateau de Saclay. Il ligote l'enfant à un radiateur, lui enfonce son collant dans la bouche, lui ordonne de ne pas crier, et tente de la pénétrer mais n'y parvient pas, il la force alors à lui faire une fellation. Devant l'enfant attachée, il feuillette des magazines de bondage dans la pièce insalubre, puis lit quelques bandes dessinées et s'en va, l'abandonnant là. Au volant de sa voiture, il croise des élèves d'une école de moto. Isadora sera retrouvée quelques heures plus tard. Elle évoquera elle aussi un homme jeune, vêtu d'un blouson en cuir, les cheveux marron, les yeux clairs, elle précise qu'il semblait sale, mal soigné, et que sa voiture sentait très mauvais. L'ADN du sperme prélevé sur la victime est identique à celui retrouvé sur le corps de la petite Cécile Bloch.

Ces sept affaires m'accaparent et épuisent le logiciel d'analyse qui échoue à nous fournir des pistes utiles. La machine est impuissante à cerner le coupable, dont le mode opératoire varie, dont les crimes sont espacés dans le temps, et dont les lieux sont éloignés. Avec Christian et les enquêteurs, nous passons des heures à réfléchir à ce que nous n'aurions pas vu, à ce que nous n'aurions pas cherché, à traquer le détail qui nous aurait échappé. Je lance des pistes auxquelles le groupe d'Odile se soumet de bonne grâce. Et si c'était un employé d'une compagnie d'entretien des ascenseurs? Ou un abonné de ce magazine de bondage? La voiture sent-elle mauvais parce que l'homme élève des chiens ou bien parce qu'il travaille peut-être comme agent de sécurité avec un chien? Pourquoi cet homme joue-t-il parfois au policier? D'où lui vient ce goût et sa connaissance certaine du type de questionnement? Fréquente-t-il des policiers dans les stands de tir de la région parisienne, puisqu'il aime les armes de poing et qu'il en possède une, vraie ou fausse? Je propose au groupe d'aller présenter son portrait-robot dans les différents stands de tir.

En relisant les tonnes de documents, je tente de comprendre ce qui pousse cet homme, dont nous savons seulement qu'il est droitier, fumeur, souvent vêtu d'un blouson de cuir et qu'il aime ligoter ses victimes. Dans l'agenda de Nelly, près du nom: Élie Lauringe, une adresse. Une rue dans le XIIIe arrondissement, tout près de là où fut violée sa première victime, la petite Sophia. Les policiers découvrent que cette adresse fut celle d'un commissariat où l'on photographiait le personnel. Un laboratoire de police désaffecté. Étrange. Serait-il le fils d'un policier qui aurait travaillé à cet endroit ?

Je m'interroge sur son comportement. Si cet individu fait semblant d'être un policier, c'est qu'il cherche à afficher une certaine virilité, il veut imposer sa puissance, sa force. Est-il le fils d'un père autoritaire qui l'éduqua avec exigence et dépit, engendrant chez lui un idéal masculin auquel il ne parvient pas à se conformer ? Car je note que ses tentatives de viol ne sont pas toutes abouties, l'homme a des difficultés pour pénétrer ses victimes. Il oscille entre un manque de confiance en lui et le besoin d'affirmer sa domination, notamment envers les femmes. Il a besoin de jouer un rôle pour se sentir fort, besoin de les soumettre pour que ses victimes ne lui fassent pas peur. J'évacue l'hypothèse qu'il puisse être pédophile puisque, en agressant Marielle, qui a la taille d'une femme et porte un soutien-gorge, l'homme lui a caressé les seins, ce que ne ferait pas un pédophile qui cherche justement des corps impubères. Il est manifeste que ce criminel cherche des proies faciles, qui ne le mettent pas en danger, des personnes n'ayant pas d'expérience sexuelle, parce qu'il souffre d'un problème d'érection. Les femmes l'excitent mais elles l'effraient, tandis que les enfants et les jeunes filles, bien que moins attirantes à ses yeux, lui semblent constituer des proies moins redoutables. Certains éléments demeurent toutefois sans explication, comme le fait qu'il ait regardé longuement la photo d'un enfant habillé avant de violer Isadora. Ces réflexions autour du profil de ce tueur en série importent, elles indiquent qu'il ne nous faut pas rechercher un pédophile, au sens clinique du terme, mais bien quelqu'un qui s'intéresse à des femmes, tout en attaquant des jeunes filles et des enfants impubères.

Une constante de son mode opératoire est de bâillonner ou d'étrangler ses victimes, afin de les empêcher de parler. À plusieurs reprises, il leur a dit combien leurs cris le paniquaient et il a veillé à ne pas entrer dans une relation verbale avec elles. Il ligote chacune de ses proies, quand bien même celles-ci sont si jeunes et si petites qu'il pourrait les dominer sans recourir à des bondages. Il paraît vouloir assurer sa domination totale, il jouit dans leur soumission. La réaction des victimes est déterminante pour lui. Il les veut à sa merci pour pouvoir éprouver ce sentiment de supériorité qui le mène au plaisir sexuel.

Annicka, Marielle et Isadora doivent certainement leur survie au fait qu'elles ne se sont pas rebellées avec autant de force que Cécile, ou que Sophia, laissée pour morte. Quant aux meurtres de Nelly et Christophe, j'y décèle de la rage et un sentiment d'humiliation, je présume que parce qu'il avait un lien, que nous peinons d'ailleurs à définir précisément, avec Nelly, il s'est senti comme un amant trahi en découvrant qu'elle entretenait une liaison avec le père de famille, dont elle gardait la fille.

Pour finir, je devine, à la façon dont il agresse les enfants, qu'il n'en a pas lui-même et n'en connaît aucun. En effet, il n'utilise pas la ruse pour les attirer, mais la force. Quant à son travail, il est fort possible qu'il soit en rapport avec la sécurité et la surveillance, un emploi gratifiant et viril, lui donnant un sentiment de pouvoir sur autrui et expliquant ses connaissances du métier de policier. Un poste qui semble lui laisser de la liberté dans la journée, ce qui expliquerait l'heure des agressions. Il est probable en revanche qu'il travaille la nuit et le week-end.

Les agresseurs ont tendance à effectuer leurs crimes dans des endroits où ils se sentent chez eux, près de leur domicile, du lieu où ils travaillent. Ce tueur a sans doute exercé un métier ou résidé dans le XIIIe ou le XIVe arrondissement de Paris, mais je suppose qu'il les avait quittés au moment des faits, il n'aurait pas pris le risque d'être reconnu par quelqu'un. Enfin, j'observe que l'auteur éprouve quelques remords : il recouvre certaines de ses victimes. Cécile Bloch est cachée sous une moquette, Sophia est revêtue de sa culotte avant qu'il ne s'enfuie, sur Marielle, il tire une couette, il autorise Annicka et Isadora à se rhabiller. Cette façon de recouvrir ses victimes me donne à penser qu'il a du mal à reconnaître ses agressions sexuelles et voudrait être capable d'obtenir autrement des relations satisfaisantes. La souffrance de l'autre ne lui est pas nécessaire, contrairement au grand pervers qui s'en nourrit, mais il peut faire souffrir l'autre ou le tuer si cela est nécessaire à sa satisfaction. Enfin, je suis convaincue que l'homme ne souffre pas de maladie mentale, un point important pour les policiers, car si j'avais eu des doutes en ce sens, les enquêteurs auraient cherché cet homme dans les hôpitaux psychiatriques, d'autant qu'il a disparu de nombreuses années. Le tueur prépare avec soin ses attaques, il les planifie et les élabore.

Ces éléments du profil ont une importance pratique. Ils guident l'enquête, éventuellement l'orientent. Ils ont aussi d'autres vertus. Le jour de l'arrestation, ils servent l'interrogatoire. Une audition est plus féconde si le suspect se sent compris, reconnu. Une empathie opère, ses aveux sont facilités. On se confie plus facilement à quelqu'un qui nous cerne et ne nous juge pas…

Le criminel aurait aujourd'hui entre cinquante et soixante ans. Est-il mort ? Parti à l'étranger ? Incarcéré ? Christian a procédé à de nombreuses vérifications parmi des détenus. Peut-il sévir à nouveau ? Pourquoi s'est-il arrêté ? Christian n'a jamais cessé de chercher. Il cherche encore.

CHAPITRE HUIT

Le diable en lui

Mon rôle de psychologue dans une Brigade criminelle m'a aussi amenée à soutenir les enquêteurs, les aider à faire face à l'agressivité des interpellés, à la rage que ceux-ci projettent. Il est dur d'être constamment en prise avec des émotions négatives, des passions violentes, de devoir canaliser les flots de haine des suspects tout en restant dans les clous de la procédure et sans se laisser emporter par ses propres sentiments. Ma présence sert parfois à permettre aux policiers d'échapper à cette emprise, de s'y soustraire pour conserver leur distance, leur capacité d'analyse. Comme je vis à leurs côtés chaque étape de l'enquête, je parviens à demeurer dans cet entre-deux, tout à la fois au cœur de l'action et en dehors d'elle, en observation, donc capable de m'extraire.

Nicolas est un policier très expérimenté à la Crim, un type sympathique. Un grand pro. Et même lui aura parfois besoin d'une soupape pour éviter que la pression émotionnelle ne l'emporte. Dans le XVIIe arrondissement de Paris, avenue de Clichy, un marginal entre dans un magasin de chaussures, son odeur incommode la cliente qui s'éclipse. Dans l'arrière-boutique, la fille de la commerçante et sa petite camarade jouent, il n'y a pas classe cet après-midi. L'homme s'approche de la vendeuse, il la pousse, la houspille. Les gamines affolées entendent des cris, elles se réfugient dans la deuxième remise de la boutique, où elles s'accroupissent, retenant leur souffle. Le marginal viole la femme, puis la poignarde de vingt-neuf coups de couteau. De l'autre côté du mur, sa fille et son amie, tétanisées, ne bougent pas. L'homme s'enfuit, le silence s'abat dans le magasin de chaussures.

Les deux petites filles demeurent tapies dans leur cachette. Grâce au téléphone portable de l'invitée, elles joignent la mère de celle-ci. C'est elle qui découvre le corps et prévient la police. Le cadavre de la vendeuse de chaussures est recouvert d'une couverture, les enfants ne le voient pas.

Nicolas auditionne Mohammed G. qui fut assez aisément interpellé. Je m'installe dans la pièce à côté, dont les parois sont fines, et j'écoute. L'enquêteur s'efforce de rester calme, le suspect ricane, provoque, s'emporte. Le policier lui demande d'expliquer comment ses empreintes ont pu apparaître sur le tiroir-caisse du magasin. «Ma pute de mère a dû enfanter un autre démon», lui crie Mohammed G., qui se plaint d'être sujet aux «flashes» comme aux «trous noirs». Soudain, j'écoute sa voix enfler et déclamer, ivre de rage : «Vous croyez que je n'agresse que les femmes, en fait j'éclate qui je veux.» Nicolas tente de garder le fil, il répète calmement ses questions. Le suspect le nargue, il «ne veut pas s'abaisser» à parler aux policiers, il éclate de rire en invoquant la peine de perpétuité à laquelle il sera condamné, il agace, il bouscule, il énerve. Mon attention est concentrée sur leur conversation, lorsque j'entends une chaise racler le sol. Nicolas quitte la pièce. Les mâchoires et les poings serrés, il paraît hors de lui, enragé :

— Je n'en peux plus, ce type me regarde, je ne peux même pas dire comment sont ses yeux, c'est insupportable. Il jouit, ce salaud, au récit de son horrible crime. C'est atroce,

Frédérique, ce gars c'est le diable qu'il a dedans, le diable, je t'assure !

— Qu'est-ce qui te choque le plus ?

— Le mal à l'intérieur, le mal qu'il a en lui.

— Voudrais-tu faire une pause ? Ou bien être remplacé par quelqu'un d'autre ? Je t'offre un café, viens, on va souffler ensemble. Raconte-moi pour que je comprenne comment il fonctionne et dis-moi ce que tu ressens. Ce que cela te fait comme effet, ce récit…

Nous restons côte à côte une quinzaine de minutes, durant lesquelles je le laisse raconter l'audition, je l'amène à exprimer ses émotions, à verbaliser tout ce qu'il s'interdit de laisser exploser. Je sens que la pression se relâche. Nicolas respire plus doucement. Il me confie qu'il a éprouvé une furieuse envie de taper ce type, de lui écraser la figure, que pendant qu'il le regardait sourire, lui, le flic, revenu de tout, songeait à la fille de la victime, à cette gamine en couettes lui racontant comment elle avait entendu sa mère se débattre en silence, retenant ses cris avant de mourir. Nicolas repart vers l'audition. Je songe à cette enfant, à ce dont sa tête résonne, à sa mère mourant au fond d'un magasin de chaussures en sachant que sa fille est accroupie de l'autre côté de la cloison et que jamais plus elle ne pourra rassurer. Lorsque je la rencontre, l'enfant m'impressionne. Devinant ce que sa mère a vécu, elle me demande ce que violer signifie. Nous en parlons. Je réponds à ses questions en m'efforçant de choisir des mots qui aient un sens pour son âge, des mots avec lesquels elle pourra grandir et se construire.

Quelques mois auparavant, Nicolas s'est retrouvé au cœur d'une polémique médiatique, qui l'a beaucoup ébranlé.

Le 27 mars 2002, vers 1 heure du matin, après un long débat budgétaire, la séance du conseil municipal de Nanterre s'achève. Richard Durn, trente-trois ans, se lève et, armé d'un pistolet Glock 9 mm, tire dans la foule. Vingt-sept personnes sont blessées, huit sont mortes et gisent dans l'immense pièce de l'hôtel de ville. Le carnage n'a pu être stoppé que grâce à l'extraordinaire courage de ces personnes qui, au risque de leur vie, sont parvenues à ceinturer et immobiliser le tueur fou, puis à prévenir la police. Lorsque le groupe de la Brigade criminelle parvient sur les lieux, Daniel Vaillant, ministre de l'Intérieur, est déjà sur place et son entourage s'affaire, ce qui ne nous facilite pas vraiment les premières constatations. Je ne redoute pas de me retrouver confrontée pour la première fois – et je l'espère dernière de ma vie – à un nombre aussi impressionnant de morts, les morts ne me font pas peur, tandis que j'ai plus de difficultés avec les blessés. En faisant mes premiers pas dans l'hémicycle, étrangement silencieux et affairé, je suis prise d'un profond malaise, incapable de retrouver ma distance professionnelle, il me revient à l'esprit qu'un couple de nos amis, dont peu de temps auparavant nous avons fêté le mariage, habite la maison en face de la mairie. Et si c'était elle, la femme brune allongée là ? Même couleur de cheveux, même silhouette. Je suis pétrifiée. Une capitaine de la Brigade s'approche et me demande ce qui m'arrive. Je lui raconte en bredouillant et voudrais lui donner le nom de cette amie afin qu'elle vérifie si c'est elle, mais je ne le sais plus, je ne m'en souviens plus. Quelques longues minutes, puis me revient qu'elle doit s'appeler Laurence, oui c'est ça, c'est Laurence, la jeune mariée, le corps gisant là-bas sur le sol. La capitaine part se renseigner ; ce n'est pas mon amie Laurence. Immédiatement, mon cerveau se dégourdit, mon cœur cesse de danser, ma respiration ralentit. Ce n'est pas Laurence, et moi, je suis psychologue à la Brigade criminelle, experte en profilage. Je travaille ici. Tout reprend sa place.

Mon regard se porte sur le massacre. Je n'ai jamais rien vu de tel, et je suis bien la seule, beaucoup de mes collègues croient replonger dans le cauchemar qu'ils ont vécu lors des attentats du RER Saint-Michel en 1995. Même scène de crime hors norme, plusieurs cadavres, des dizaines de blessés, partout du sang, des traces de tirs, des balles, des personnes qui pleurent, crient, frissonnent, et dans le ballet des secours. Le temps est suspendu. Parenthèse du carnage.

Richard Durn, le tueur, a été emmené au commissariat de Nanterre, et l'équipe part le chercher pour le conduire au 36, quai des Orfèvres, où il sera interrogé. Lorsque j'entre dans les locaux, Richard Durn, les mains menottées dans le dos, se tient debout. La tension est lourde dans la pièce. Les policiers, occupés à régler les premières urgences, travaillent bravement, mais je sais qu'ils portent en eux les images terribles qu'ils viennent d'affronter. Il est urgent de les décharger, de leur permettre de s'arrêter et d'évacuer leurs émotions. Une femme policière s'éloigne pour aller chercher notre voiture, un autre tourne le dos pour attraper un papier. En une fraction de seconde, je me retrouve face à Durn, qui me paraît immensément grand. Sans que je comprenne bien pourquoi il me semble tout à coup que nous sommes seuls tous les deux, hermétiquement seuls. Brun, très maigre, le visage anguleux, le nez marqué, il me fixe. Je sens sa rage et, dans un réflexe stupide, dans un dérisoire geste automatique de protection, je lui souris. Le temps s'arrête. L'air me semble piquant, sec, Richard Durn me regarde : « Qu'est-ce que tu as à me sourire ? » me lance celui qui vient de tuer huit personnes et d'en blesser vingt-sept autres. L'énergie négative qu'il irradie s'amplifie, je suis hypnotisée, engluée dans son regard. « Allez, tue-moi ! » Je suis paralysée, incapable d'éloigner mes yeux, d'éteindre mon rictus de sourire. Durn, bien que menotté, pourrait là, au milieu du commissariat de police, se jeter sur moi, me frapper de ses pieds, forcer mes collègues à réagir et le taper, voire, comme il l'espère, l'abattre. J'ai peur, je bafouille, je marmonne. Un collègue se retourne, j'entends à nouveau le bruit d'un tiroir qui se ferme, d'un téléphone qui sonne, la vie reprend. Les secondes sont passées. Je parviens à bouger, à le quitter. Des années plus tard, je comprendrai que ces yeux mauvais m'ont placée en face de mon père, dont les colères noires me figeaient.

Dans la voiture qui nous mène à la Préfecture de police de Paris, je m'assois devant, à côté du conducteur, Olivier. À l'arrière, Richard Durn est assis au milieu de la banquette, entre Nicolas et Isabelle, une collègue de la Brigade avec laquelle je m'entends bien. Le suspect parle beaucoup, il nous dit qu'il aurait voulu être tué, qu'avoir tué le rendait important, il parle, il parle. Il n'est pas agité, juste volubile. Soudain, il jette une de ses jambes entre les deux sièges avant et touche le volant, Olivier freine brutalement. Nous nous arrêtons dans cette rue endormie de Paris et lui menottons les jambes. Une mesure exceptionnelle, la Brigade criminelle ayant pour habitude de ne pas entraver ainsi ses suspects afin de préserver une forme d'intimité propice aux aveux. Nous repartons vers l'Hôtel-Dieu, où nous devons le présenter aux Urgences médico-judiciaires.

Le procureur de la République de Nanterre a choisi de ne pas faire appel à un psychiatre, Durn ne rencontrera qu'un médecin généraliste. Le tueur semble calme désormais, il ne bouge plus, se tait. Le médecin délivre un certificat estimant que son «état de santé est compatible avec la garde à vue». J'en ai le souffle coupé. Tandis que nous attendions la fin de cet examen, je disais à mes trois camarades qu'à mon avis Durn était un paranoïaque en pleine crise et qu'à ce titre il était tout à fait improbable que le médecin, que je croyais psychiatre, nous le ramène pour qu'il soit placé en garde à vue. C'est pourtant ce qui, à ma stupéfaction, advient. Nous le conduisons vers le 3ᵉ étage du 36, quai des Orfèvres. Marchant entre nous, de nouveau prostré, il marmonne que nous aurions dû le tuer, qu'il aurait voulu mourir. Je suis convaincue que ce type est suicidaire, et qu'il est prêt à tout pour mourir. Je recommande à mes collègues d'être excessivement précautionneux, aussi empruntons-nous l'escalier principal très large, qui nous permet de monter en collant le suspect contre le mur, loin de la rambarde et du vide de la cage d'escalier. Il est minutieusement fouillé, sous surveillance constante. Je repars avec Amaury de Hautecloque, chef de la section antiterroriste de la Brigade criminelle, au domicile de la mère de Richard Durn, dont nous avons trouvé l'adresse à Nanterre.

Un pavillon modeste, dont l'entrée donne directement sur le trottoir. Elle nous ouvre, son visage est calme, elle a entendu les informations à la radio, des journalistes l'ont réveillée. Elle ne manifeste aucune émotion, aucune douleur, comme si cette mère s'attendait au pire. Elle nous sert un café, parfaitement contrôlée. Voudrions-nous du sucre ? Du lait ? Aucun de nous trois ne sait alors qu'une équipe de reporters a glissé un micro dans la boîte aux lettres et que notre conversation est enregistrée, depuis le couloir, à notre insu. Nous allons bien vite le découvrir. Madame Durn accepte que nous montions dans la chambre de son fils. Je trouve ses carnets intimes et les parcours rapidement. Je vois son délire se construire, s'affirmer, se nourrir des horreurs qu'il a vécues lorsqu'il a servi dans une mission humanitaire en Bosnie. Le 27 mars dans la journée, avant de se rendre au conseil municipal et de tirer au Glock 9 mm dans la foule, il a écrit : «Tuer des gens et me tuer pour donner l'illusion d'avoir été important.»

À la Brigade, la garde à vue de Richard Durn se déroule posément. Les policiers m'ont demandé de ne pas y assister, une relative confiance s'est nouée entre eux et ils s'inquiètent de ce que ma présence pourrait induire dans leur échange. En effet, parmi les nombreux sujets abordés, celui de la sexualité – inexistante – de Richard Durn affleure, il est probable que la participation d'une femme, même psychologue, à cette conversation, perturberait. La mère du suspect est entendue au même moment, et je vais donc prêter main-forte à ceux qui recueillent ses explications très confuses. Nicolas conduit l'interrogatoire dans une minuscule soupente du 4e étage. Richard Durn n'est plus menotté, ses chaussures n'ont pas de lacets, il n'a plus sa ceinture, il parle calmement. Nicolas le questionne, Olivier tape à la machine ses réponses. Le tueur fou évoque sa vie chaotique, « sa prison mentale », « la griserie et le sentiment d'être libre par la mort ». À l'heure du déjeuner, il dévore son plateau-repas puis engloutit une dizaine de madeleines que lui proposent les enquêteurs, surpris par son appétit. En début de soirée, Richard Durn ajoute à son procès-verbal cette phrase : « Je veux mourir car je suis une chose et un déchet. » Puis, il est conduit par les trois policiers au dépôt, accompagnés par le commissaire divisionnaire Péchenard. Celui-ci rappelle combien Durn est susceptible de mettre fin à ses jours et qu'il mérite donc une attention étroite. Nous sommes tous épuisés, aussi rentrons-nous nous coucher. En quittant la préfecture, je me dis que le calme de Durn est dangereux. Quand les suicidaires ont décidé d'en finir, ils traversent toujours une brève période paisible, parfois même détendue, car leur décision les rassure. Mais la mise en garde du commissaire a été entendue, nous avons tous conscience du risque suicidaire et mettons tout en œuvre pour y parer.

Le lendemain matin, le 28 mars, j'arrive un peu tard à la Brigade et découvre en sortant du métro que mon téléphone a enregistré deux messages. Je ne prends pas le temps de les écouter, je monte retrouver le groupe. J'ouvre la porte. Olivier se tient le visage entre les mains ; Richard Durn s'est défenestré. À 10 h 15, alors que la garde à vue venait de reprendre et que Nicolas interrogeait le tueur de Nanterre sur le dernier courrier qu'il avait adressé à sa mère, Olivier a quitté la pièce pour aller chercher du papier, quand soudain, Richard Durn a bondi, pris appui sur un petit meuble où était posé un aquarium et s'est jeté sur le vasistas entrouvert. Nicolas s'est précipité à son tour sur les jambes de Richard Durn pour tenter de le retenir alors que tout l'avant de son corps plongeait déjà dans le vide. Olivier, revenu dans la pièce, a saisi à son tour Nicolas que le poids de Durn entraînait vers l'extérieur. Durn a réussi à prendre son envol en s'appuyant sur la corniche, il s'est projeté vers le sol et, sans un son, sans un cri, s'est écrasé dans la cour intérieure.

Nicolas me montre ses genoux entaillés d'avoir si longtemps tenté de retenir le suspect, le corps appuyé contre le métal coupant du vasistas. Je l'accompagne chez le médecin de garde. «Tu te rends compte, Frédérique, il ne m'est plus resté que sa chaussure, plus que sa chaussure, et puis ce bruit du corps qui chute.» Il ferme les yeux.

Ce drame nous bouleverse et notre peine enfle en découvrant, dès le lendemain, la teneur des articles de journaux, qui, unanimes, s'en prennent à notre travail, à notre supposée négligence, nous rendant responsables d'un suicide que nous avons tout fait pour empêcher. L'action publique se poursuit et l'enquête judiciaire sur les assassinats continue. Je travaille longuement avec la mère de Richard Durn, dont la stature de glace incommode les enquêteurs. Son audition est une épreuve, tant sa personnalité profondément dissociée donne libre cours à un récit chaotique. Comprenant peu à peu sa logique, je parviens à aider les policiers à rassembler dans l'ordre les morceaux de ce puzzle. L'annonce du suicide de son fils la laisse de marbre, elle paraît soulagée d'en avoir fini avec lui, avec cet enfant qu'elle me dit avoir eu du mal à aimer, faute de l'avoir désiré. Enceinte d'une fille, elle avait, à pied, l'hiver, traversé les montagnes yougoslaves pour rejoindre la France. Richard naît dix ans plus tard, enfant illégitime.

CHAPITRE NEUF

Les forcenés

Étrangement, j'éprouve une forme de tendresse pour les forcenés, quand ils n'ont pas d'otages. Ces malheureux poussés à bout par la perte d'un emploi, un divorce douloureux ou une maladie mentale non diagnostiquée, et qui, dans une crise de démence, se mettent en danger pour que la police les arrête. Au sein de la cellule de négociation de la Brigade de recherche et d'intervention, j'en ai vu plus d'une dizaine. En général, ces affaires se terminent sans drame et le pauvre malheureux, qui nous a tenus en haleine, passe quelques jours en hôpital psychiatrique, puis s'en retourne chez lui avec quelques antipsychotiques et des somnifères, mais rien qui puisse l'aider à se sortir du marasme qui l'accule. Si les psychiatres les estiment très dangereux, ils sont placés dans des Unités pour malades difficiles, mais s'il est évalué qu'ils ne présentent pas de danger manifeste, ils sont remis dehors avec un traitement adéquat. Qu'ils arrêtent de suivre. La plupart des forcenés retranchés sont des malades en rupture de traitement.

Lorsqu'on reçoit un appel nous prévenant qu'une personne menace son voisinage, en jetant par exemple du haut de sa tour d'immeuble tout son mobilier par la fenêtre, ou bien hurlant dans la cage d'escalier qu'il va tout faire sauter à l'explosif, les policiers de la BRI, dépêchés sur place m'emmènent avec eux. J'ai été formée à ce type particulier d'intervention en suivant une semaine de cours dispensés par le Raid, une unité d'élite. Si le forcené agit dans la capitale et sa petite couronne, c'est notre équipe qui se déplace. En revanche s'il agit au-delà de ce périmètre, le Raid mandate ses équipes.

Je ne négocie pas directement avec la personne retranchée – toujours des hommes – mais je suis présente en tant qu'aide-négociateur. J'ai une ardoise, un feutre, et j'écris à l'intention de celui qui négocie des suggestions, des remarques, des formulations. Je suis attentive à l'infra-langage du barricadé : ses intonations, son choix de vocabulaire, s'il dit «maman» ou plutôt «ma mère», le rythme de son souffle. En l'écoutant répondre au policier négociateur, soit par téléphone, soit de vive voix derrière sa porte, je m'efforce de comprendre s'il risque de piéger le groupe d'intervention, s'il est suicidaire ou bien si nous avons des chances de le conduire progressivement à la reddition. Les cas sont multiples et il nous appartient de discerner au plus vite à quel profil nous avons affaire. Le forcené peut se suicider avant notre intervention, éventualité que nous voulons à toute force éviter, ou bien il peut n'avoir que la rage de nous obliger à entendre ses revendications, à la suite de quoi il pourra se rendre, ou bien encore il peut être tenté par ce que nous appelons dans notre jargon « le suicide by cop », c'est-à-dire de tirer sur la police pour qu'elle riposte et l'abatte. Enfin, la personne retranchée peut être animée d'une telle colère qu'elle veut en découdre, se mesurer à des unités d'élite et en tuer le plus possible pour gagner sa guerre.

Je suis très concentrée, de mon appréciation, partagée avec mes collègues, dépendra le type d'intervention. Quand une équipe part « sur un forcené », elle rassemble tous les renseignements disponibles : ses antécédents, le plan de son appartement réclamé à son

bailleur, sa situation professionnelle, personnelle, familiale, son dossier médical, etc. Ces
renseignements nous sont communiqués, tandis que, devant sa porte, nous faisons durer la
conversation. Je m'attache également à retrouver le déclencheur de la crise, qui nous servira
de base de négociation. Quelles que soient
les revendications, nous observons des règles
strictes. Personne ne peut pénétrer aux abords
du lieu dans lequel quelqu'un s'est barricadé,
en revanche il arrive que certaines personnes
s'approchent de nous pour nous commu-
niquer des éléments qui nous permettent de
mieux comprendre la situation. Aussi, même
si le retranché exige de voir son ex-femme ou
son employeur qui vient de le licencier, nous
ne cédons pas. Nous ne lui mentons que pour
éviter un drame, nous ne l'entourloupons
pas, et ce pour une raison simple, il arrive
qu'il récidive et que nous soyons de nouveau
confrontés à lui. Si nous le trompions une fois,
nous ne serions plus crédibles.

Henri est un forcené, que nous avons,
plusieurs fois, dû ramener à la raison. Il est
arrivé que, ne parvenant pas à le calmer à
distance, nous ayons dû forcer sa porte et
l'ayons trouvé, arpentant fiévreusement son
logement, nu comme un ver, hormis une veste

multipoches couleur kaki flambant neuve. Il nous a souri, comme si nous répondions enfin à son invitation. Lors d'une autre intervention, il a arraché sa cuvette de WC du sol, laissé l'eau sale inonder l'appartement et la cage d'escalier, eau dans laquelle il a jeté tous ses restes alimentaires ainsi que des sachets de riz. Alors que nous pataugeons en file indienne dans la flaque d'eau sale, il menace de nous électrocuter en jetant des fils électriques dans ce magma humide. Nous faisons couper tout le réseau électrique de l'immeuble et, malgré des heures de négociation au cours desquelles il ne répond pas, nous défonçons sa porte. Un autre forcené, dont le Raid eut à s'occuper, attendait, quant à lui, allongé nu dans sa baignoire un couteau entre les dents. Ces pauvres gars sont arrivés à une telle désespérance qu'ils jouent à la guerre dans leur tête, d'où la veste militaire ou le couteau.

Les plus inquiétants sont ceux qui se barricadent en retenant un proche. Un habitant du XXe arrondissement de Paris menace ainsi de faire « tout sauter », il revendique d'avoir à sa disposition cinq bonbonnes de gaz et un détonateur et précise que sa mère est enfermée avec lui. Nous arrivons sur les lieux. Les pompiers ont évacué le quartier, et interdisent à ses habitants de regagner, en cette fin de journée particulière, leur foyer. Si les bonbonnes explosent, le quartier sautera, les immeubles s'effondreront et nous avec… Je m'isole trente secondes pour appeler mon mari. Peut-être une dernière fois. Nous nous postons derrière la porte de cet homme qui nous dit vouloir en finir car il ne reçoit plus ses allocations d'adulte handicapé. Au bout de quelques heures, il accepte de venir derrière la porte et nous l'interpellons fermement. Dans son logement, nous trouvons sa mère affolée, mais aucune bonbonne de gaz.

Un autre forcené s'est retranché en compagnie de sa petite amie. En l'écoutant, je comprends qu'il a fumé beaucoup de joints et crois entendre que sa prisonnière, aussi droguée que lui, participe plus ou moins à son délire. Ce jeune type, âgé d'une petite vingtaine d'années, nous indique avoir dans la main une grenade quadrillée, un cadeau que son grand-père, soldat de la Seconde Guerre mondiale, lui a légué. Finalement, grâce à la négociation, il se rend sans difficulté et nous découvrons sa fiancée en train de regarder la télévision dans leur chambre. La grenade sera détruite par les artificiers. Ces opérations sensibles sont périlleuses, les retranchés traversent des vertiges émotionnels foudroyants, et passent de l'excitation hargneuse à la docilité amorphe ; des montagnes russes qui ne nous rendent pas la partie commode, à nous qui devons adapter notre réponse.

Un homme, d'origine vietnamienne, m'est apparu un cas d'école. Il commença à faire du grabuge dans son HLM en jetant depuis sa fenêtre du 13e étage une armoire, un four, une table… Les voisins prévinrent la police et les pompiers. Les fonctionnaires se retrouvent face à un homme armé d'un revolver. Un pompier pénètre à l'intérieur de l'appartement, et se fait aussitôt attraper par le forcené, auquel il parvient à échapper en enjambant la fenêtre pour sauter sur le balcon de l'étage inférieur. Cet homme s'est échappé d'un hôpital psychiatrique où il était placé d'office. Quinze ans auparavant, il avait agressé deux femmes. À ce stade de dangerosité, notre brigade est mandatée pour intervenir.

Le procureur nous arrête dans le hall de l'immeuble et nous annonce qu'il monte avec nous, il semble pressé de faire montre de son courage. Aucun de nous n'a envie de l'avoir dans les pattes, d'autant que la négociation risque d'être ardue. J'ai l'idée de lui proposer mon gilet pare-balles – une tenue obligatoire pour ce genre d'intervention – et le lui tends en précisant qu'il sera serré à la taille, c'est un modèle pour femme, mais qu'il vaut mieux être serré que mourir d'une balle perdue… Son visage pâlit. Chevaleresque, il me rend mon gilet et annonce qu'il préfère surveiller les opérations en bas de la barre d'immeubles. En grimpant les escaliers, mes collègues me remercient en riant. Lorsque nous parvenons à l'étage du type qui, quelques minutes auparavant, dans une rage folle, vidait son mobilier dans la cour, le calme me surprend. Plus un bruit. Il ne répond ni au téléphone ni à la voix du négociateur, ainsi empêché d'entrer en contact avec lui. Je trouve bizarre qu'il soit passé d'une telle colère à ce silence profond, et me persuade qu'il nous a tendu un piège. Le chien de la Brigade de recherche et d'intervention gémit devant la porte fermée et le maître-chien ne parvient ni à comprendre sa plainte, ni à la calmer. Devant la porte d'un barricadé avant l'assaut, les hommes se placent en file indienne. Je remonte donc la file en répétant à chacun d'être très prudent, que le type doit nous attendre, qu'il faut vraiment faire attention… Le silence persistant renforce ma conviction. Trois gars placent sur la porte un « door-raider », un système qui s'emboîte dans le chambranle et permet d'écraser la porte au sol pour pénétrer dans une pièce. Mauvaise surprise, derrière celle de l'entrée, une autre porte, blindée, interdit le passage. Nous avons travaillé sans les plans de l'appartement, n'étant pas parvenus à joindre l'office de HLM, fermé ce 14 juillet. Il faut remettre en œuvre le «door-raider», la seconde porte cède et les policiers font irruption dans une pièce puis dans la suivante. Personne, aucun bruit, aucun son, mais posés à même la moquette, dans chacune des chambres, un briquet et son petit bidon d'essence. Cinq en tout. Dans le salon, à côté de ce dispositif artisanal de mise à feu, un sabre de samouraï et des armes blanches. Le forcené est assis sur la cuvette de ses toilettes, une mallette sur les genoux, un pistolet d'alarme chargé dans les mains. Il paraît attendre quelqu'un, comme s'il s'apprêtait à partir en voyage depuis sa cuvette transformée en banc de hall de gare. «J'attends maman», explique-t-il en dévisageant mes collègues, comme s'il se demandait qui pouvaient bien être ces voyageurs en uniforme, en gilet pare-balles et arme au poing. «J'attends maman, nous allons partir, j'ai mes affaires.» Je patiente dans le couloir, le temps que mes camarades sécurisent l'endroit. L'un d'eux vient me chercher. Je passe devant la porte ouverte des toilettes où se tient, toujours calme, le jeune homme, et je n'ai pas le temps de voir que le négociateur me fait signe de ne pas passer là. Trop tard, le retranché a vu ma silhouette. Il se met à hurler, comme si la vision, même furtive, d'une femme réveillait en lui une douleur folle. Interpellé, il est conduit aux urgences psychiatriques. Nous apprendrons que sa mère était morte depuis deux mois. Quant aux briquets et flacons d'essence, il les destinait à la fabrication de petits lance-flammes avec lesquels il voulait nous enflammer. Nous y avons échappé grâce à l'inexplicable léthargie qui s'est emparée de lui.

Ma dernière négociation eut lieu à la fin août. Un homme s'est retranché dans une boutique Sonia Rykiel, rue du Faubourg-Saint-Honoré, à deux pas de l'Élysée et du ministère de l'Intérieur, place Beauvau. Cette situation géographique déclenche une opération d'envergure ; en quelques minutes, une centaine de policiers bouclent le quartier. Dans le magasin, le type garde en otage des vendeuses qu'il menace d'un couteau mais qu'il laisse téléphoner à leurs proches. Ses revendications, qu'il nous transmet par téléphone, sont confuses ; il souhaite parler avec le procureur de la République et un avocat pénaliste renommé. Tandis que le négociateur de la BRI parlemente avec lui, je l'assiste et cherche des solutions. Je croise le regard de Christian Flaesch, alors directeur régional de la police judiciaire. Faisant fi de nos modes opératoires ordinaires, je me dis que Flaesch pourrait négocier avec ce preneur d'otages. Sa prestance, la gravité de sa voix, sa posture altière lui donneront à penser qu'il a bel et bien affaire au procureur de Paris. Flaesch accepte. Je m'entretiens avec lui et lui dis ma conviction : faire sortir le type sans dommages devrait être facile, il suffirait de lui témoigner de la considération et lui faire valoir qu'il serait mieux de parler face à face plutôt que par téléphone. Il se positionne sans être à découvert, tandis que l'autre négociateur et moi-même demeurons sous le porche. En quelques minutes, le forcené se laisse convaincre et sort de la boutique. Flaesch s'avance vers lui, souriant, et lui fait un croche-pattes. Le type s'écroule. Immobilisé, menotté, il est embarqué par la BRI. Il est parfois des ruses faciles…

CHAPITRE DIX

Le regard franc du menteur

Certains visages ne m'ont jamais quittée. Comme celui, sec et barbu, de Michel Fourniret, le tueur en série des Ardennes, condamné à une peine de perpétuité pour cinq meurtres et deux assassinats de jeunes filles, entre la Belgique et la France. Alors que notre équipe de la Brigade criminelle de Versailles enquête sur la disparition, à ce jour inexpliquée, d'Estelle Mouzin, il nous est demandé de vérifier l'emploi du temps du tueur en série ce 9 janvier 2003. Bien que le relevé de ses appels téléphoniques indique qu'il n'était pas à proximité du domicile de l'enfant à la date de sa capture, bien qu'aucune trace de l'ADN de la victime n'ait été identifiée tant au domicile que dans le véhicule de Fourniret, il importe de s'assurer de sa non-implication. Incarcéré en Belgique, il est extrait sous haute protection de sa cellule pour venir à notre rencontre.

Le condamné est orgueilleux, sensible à son statut de grand tueur en série. Il a pour habitude de dicter ses auditions aux enquêteurs, s'enivrant de termes complexes dont il ne maîtrise pas parfaitement le sens. Il se plaît à relever dans les procès-verbaux de ses interrogatoires leurs fautes d'orthographe. Une attitude qui agace mes collègues belges, au point que ceux-ci l'ont obligé à écrire le mot «ecchymose» trois fois de suite pour lui montrer qu'il faisait une faute en oubliant un «c».

Avertis, mes deux collègues et moi-même avons soigné notre tenue, nous savons désormais que Michel Fourniret n'accorde ses paroles qu'à ceux qu'il juge suffisamment haut placés dans la hiérarchie policière. Nous avons prévu de le laisser prendre du plaisir à cette entrevue qui le valorise, à flatter son parcours d'autodidacte, auquel il tient. Nous ferons semblant de croire à sa théorie fumeuse selon laquelle il aurait cherché à rencontrer des vierges, car la virginité incarnerait une forme de divinité. Bien qu'il soit clair que ce discours délirant masque sa déviance sexuelle, nous feindrons d'y croire pour obtenir qu'il nous parle. Cette stratégie, nous l'avons balisée. Tout en entrant dans son jeu, nous relèverons ses contradictions, pointerons ses incohérences. Cette attitude pugnace forcera son respect, car elle démontrera notre niveau de compétence.

Michel Fourniret entre dans la pièce, nous dévisage, scrutant nos vêtements, nos cartables, nos stylos. Je suis frappée par ses très grosses mains et ses avant-bras musclés. Je comprends mieux pourquoi les prisonniers l'ont surnommé Popeye. Il regarde droit dans les yeux et je note que, lorsqu'il sourit, seules ses lèvres bougent, le reste de son visage demeure immobile. Je l'examine en me demandant comment il est possible que ce personnage ait pour chanteuse préférée Anne Sylvestre, l'idole des enfants, dont il collectionnait tous les albums. J'en suis là de mes réflexions intérieures lorsque Fourniret prend la parole. D'un ton docte, il entreprend de nous raconter avec force détails comment il parvient, lorsqu'il voyage entre la France et la Belgique, à éviter les péages… Trente minutes de logorrhée consacrée à ce sujet dérisoire. Hallucinant. Et pourtant, je comprends que, derrière ce récit, apparemment éloigné de notre propos, le condamné cherche à induire en nous une pensée. Il veut nous prouver qu'il sait échapper aux contraintes, déjouer les règles et se moquer des contrôles. Ce long préliminaire sert à nous démontrer sa supériorité. Nous le laissons parler.

En l'apostrophant d'un cérémonieux «monsieur Fourniret», nous lui demandons ce qu'il faisait le 9 janvier 2003. Le tueur de jeunes filles réfléchit, il minaude, tergiverse, ménage des pauses, fait mine de fouiller ses souvenirs. Je devine qu'il voudrait que notre intérêt demeure, que cet interlude de gloire ne cesse point. Il jouit d'être suspecté par la police. Il répond ne plus avoir à l'esprit son agenda ce jour-là. Puis se tait. Un sourire malin couvre son visage, il reprend la parole et nous fait observer, gourmand, que puisqu'il ne parvient pas à se remémorer son emploi du temps, nous devrions le considérer comme coupable. Nous poursuivons notre audition, puis lui intimons que celle-ci est achevée. Le prisonnier nous serre la main en nous souhaitant un «bon voyage». Il sourit, les yeux immobiles.

Nous nous rendons à son domicile. Une épreuve que la visite de cette bâtisse glauque, battue par la bruine, tant nous y voyons les stigmates des crimes atroces qui y furent perpétrés. Une chaîne en métal rouillé pend d'un plafond cathédrale. Le mobilier est branlant, partout traînent des guenilles, des objets cassés, des détritus, des planches, des matelas éventrés. Les fils électriques ont été détournés du compteur. La pingrerie de l'occupant est stupéfiante. Nous ne trouvons aucun indice donnant à penser qu'Estelle Mouzins y aurait été détenue. Et repartons, silencieux. Dans la voiture qui nous ramène à Paris, je me souviens que l'épouse et complice de Michel Fourniret, Monique Olivier, a confié, lors de l'instruction, qu'elle surnommait son mari « Shere Khan », le tigre du *Livre de la jungle*, le prédateur mauvais qui s'est juré de tuer tous les humains dont Mowgli.

Je me souviens bien de la date, le 28 décembre, c'est celle de l'anniversaire de ma mère, au cœur d'une saison où chacun aime à prendre quelques jours de repos et s'éloigner de son bureau. En cette fin d'année, je comprends vite que c'est au 36 du quai des Orfèvres que je fêterai – en pensée – l'anniversaire de ma mère. Ce matin-là, un vigile, employé d'une entreprise privée de sécurité, se présente, il a déjà déposé auprès de la police de l'air et des frontières qui nous l'adresse, car son récit mérite une réaction rapide. Marcel est sympathique, son regard clair, sa poignée de main franche, et il nous raconte avec assurance ce qu'il a vu, en passant vers 5 heures du matin à l'aéroport de Roissy.

Alors qu'il rentrait chez lui, après avoir protégé toute la nuit le domicile d'une cliente, il s'est arrêté à l'aéroport pour vérifier les références d'un vol, aussi a-t-il garé sa voiture et marché vers un des terminaux. Soudain, son oreille d'ancien militaire a réagi à un bruit bien caractéristique : le cliquetis d'une culasse qu'on réarme. Saisi, il s'est arrêté, a cherché du regard l'origine du bruit, et a vu, à quelques mètres, un type penché au-dessus de son coffre de Peugeot 206, tenant une arme. Ce devait être un employé de l'aéroport car il portait un gilet fluorescent jaune. Avant que celui-ci n'ait refermé son coffre, notre témoin dit avoir aperçu le canon d'une arme. En se cachant derrière les piliers, il a tenté de le suivre mais a perdu sa trace. Inquiet, ce témoin affable et précis s'est rendu au bureau de la police de l'air et des frontières.

La voiture suspecte est placée sous surveillance. Vers 14 h 45, son propriétaire arrive. La police l'arrête, lui prie d'ouvrir le coffre et trouve un sac noir contenant des explosifs, une arme, un pistolet-mitrailleur compact de marque Scorpion et des gants de laine. Sous le pneu de secours, les policiers tombent sur cinq pains d'explosif Tolithe, emballés dans de la cellophane, ainsi que des détonateurs. Le coffre cache de quoi faire exploser un avion... Dans la boîte à gants, des tracts rédigés en arabe appelant à se soulever pour soutenir les Palestiniens ainsi qu'un catalogue de combinaisons militaires, écrit en français et en arabe. Sur le siège enfant, les chiens des équipes spécialisées reniflent des traces d'explosif. Le propriétaire de la voiture se nomme Abderrezak, il est employé au service des bagages de Roissy et affirme ne pas avoir su que sa voiture cachait des armes et des explosifs. Il nie, alors que tout paraît l'accabler, les y avoir placés. Aucune de ses empreintes n'est identifiée sur les armes, ni sur le sac, ni sur les pains d'explosifs. Et pourtant, tout est là... Le dossier est confié à la section antiterroriste de la Brigade criminelle.

Nous recevons le bagagiste incriminé. D'origine algérienne, le jeune homme est sur la défensive, agité. Il nous raconte une histoire complexe, se présentant comme la victime d'un complot familial. Six mois plus tôt, en juillet 2002, sa femme, Louisa, est morte dans d'atroces conditions ; elle s'est immolée. Les témoins alors entendus dans l'enquête policière dirent avoir vu la jeune épouse sortir en hurlant du pavillon familial, le corps en flammes. Hospitalisée, elle mourait quelques semaines plus tard, victime de ses brûlures. Jamais elle n'accusa Abderrezak, son mari. Aux policiers, le mari déclara que son épouse dépressive s'était aspergée de white-spirit puis qu'elle avait mis le feu à ses vêtements se transformant en torche vivante, sous ses yeux et ceux de leur enfant de neuf mois. Les parents de Louisa n'ont jamais cru cette version. Ils ont accusé leur gendre Abderrezak d'avoir tué leur fille. Malgré les dénégations de celui-ci, ils n'en ont jamais démordu et le tiennent toujours pour responsable. L'enquête leur a donné tort, elle n'a pas permis d'accréditer cette thèse criminelle, concluant à un suicide. Abderrezak aimerait nous convaincre que l'arsenal retrouvé dans le coffre de sa 206 obéit à un complot fomenté par ses beaux-parents pour venger la mort de Louisa.

Durant son audition, j'observe qu'il se comporte de manière inattendue. Inquiet, il tente absolument de nous convaincre mais n'adopte aucune des attitudes communes aux terroristes entendus par la police. Il n'invoque pas son droit à garder le silence, ne se montre pas prosélyte, comme le sont fréquemment les extrémistes qui s'efforcent de persuader les enquêteurs du bien-fondé de leur action. Abderrezak est un personnage ambigu, dont je ne peux dire qu'il se montre sympathique, néanmoins plusieurs détails de son comportement me donnent à penser qu'il dit la vérité. Au fil de l'entretien, je le vois vouloir nous convaincre, puis s'énerver, parler moins et enfin manifester du désespoir. Son attitude varie, il est en proie à des émotions fortes qu'il ne parvient pas à maîtriser. Évoquant la mort de Louisa, il paraît retenu, témoignant de peu de peine. Une distance à laquelle nous ne pouvons pas nous fier, car ne pas montrer son affliction ne signifie pas que l'on n'en éprouve pas et, surtout, ne saurait faire de lui un terroriste.

La détection du mensonge est quelque chose d'extrêmement subtil. Pour ne pas dire quasi impossible avec des menteurs entraînés. Pour débusquer les mensonges, il est important de savoir comment se comporte la personne quand elle dit la vérité. Ensuite, au moment où l'on soupçonne une possibilité de mensonge, il faut observer les minuscules différences de comportement, en ayant à l'esprit que celles-ci ne viennent pas signer le mensonge mais indiquer un état émotionnel différent. Une personne qui se met à avoir quelques tremblements ou à se tordre les mains en parlant de la mort de sa femme est-elle en train de montrer qu'elle se sent mal à l'aise car elle ment, éprouve-t-elle un sentiment de culpabilité liée à la mort de cette personne, un stress intense dû à l'émotion suscitée, ou encore autre chose que nous ne saurions envisager sans connaître intimement la personne ? Un changement de comportement signifie qu'il y a changement dans le monde psychique de cette personne, mais à quoi est-ce dû ? Je ressors troublée de l'audition d'Abderrezak : malgré ce qui ressemble à des preuves accumulées contre lui, plusieurs éléments me font pencher en faveur de sa sincérité.

J'assiste à l'audition de Marcel, le vigile, entendu comme témoin. Je ne prends aucune note, je l'écoute avec attention et me concentre sur son récit. Comme je ne dois pas prévoir une relance, une question, je peux me focaliser pleinement sur la personne et sur ces signaux que l'on néglige habituellement. Nous disposons de ce qui nous servira de «procès-verbal de chique», dressé par nos collègues qui l'ont entendu la première fois. Un «PV de chique» est un procès-verbal qui se borne à consigner l'intégralité du récit de la personne sans que celle-ci soit interrompue, interrogée sur un détail, ou bien confrontée à une éventuelle incohérence ou contradiction. Il est plus facile de déterminer la probable véracité d'un récit quand on en est le «primo-recueillant». En effet, quand on est amené à raconter plusieurs fois un enchaînement de faits auxquels on a assisté, on est automatiquement conduit à le transformer. En psychologie, il est connu qu'un individu qui témoigne peut ne pas se souvenir d'un détail précis, mais il croit savoir, aussi son cerveau comble-t-il les manques en ordonnant une cohérence à l'histoire, en palliant les manques. Notre cerveau ne supporte pas les mailles manquantes d'un récit alors il les masque, les colmate, les retisse. C'est pourquoi il importe, tant que faire se peut, d'être dans les premiers à recevoir un témoignage, afin d'éviter que le témoin par-devers lui n'ait paré les oublis. Marcel a déjà raconté son histoire et je tiens compte du fait qu'il a pu, malgré lui, l'arranger. Globalement, il nous inspire confiance, il est un ancien militaire, ce qui nous amène à penser qu'il est normal qu'il ait réagi en entendant le bruit d'une culasse sur le parking d'un aéroport. Cependant les enquêteurs, qui travaillent sur cette affaire depuis trois jours, doutant de la véracité de certains de ses dires, ont estimé nécessaire de le placer en garde à vue.

Lorsque nous l'entendons, ce témoin sait que son discours est sujet à examen. Toutefois, c'est d'une voix calme qu'il répète ce qu'il a vu ce matin-là sur le parking de Roissy, fournissant un récit cohérent, fidèle à celui qu'il donna à nos collègues de la Police de l'air et des frontières. Son regard est fixé sur nous, il n'évite pas la confrontation oculaire, son corps paraît calme, sa voix est égale. Ce regard, que l'on considère comme «franc» parce que direct, est en réalité souvent suspect. Quand nous voulons convaincre quelqu'un que nous lui disons la vérité, nous avons tendance à le regarder droit dans les yeux, parce qu'il est socialement convenu qu'un regard droit est un regard franc. Or, si l'on observe les gens à qui nous parlons, nous noterons que leurs yeux sont mobiles, ils bougent et ne demeurent pas rivés sur ceux de l'interlocuteur. Notre regard fluctue au gré de nos émotions, par exemple il baisse lorsque la tristesse nous envahit. Les clignements des yeux sont des mouvements involontaires qui augmentent lorsque l'individu est ému, mais ils ne révèlent pas la nature de l'émotion. Excitation ? Colère ? Peur ? Paul Ekman, psychologue spécialisé dans la détection du mensonge, observe que les émotions qui durent de cinq à dix secondes sont trop longues, et donc le plus souvent feintes. Une émotion authentique, à l'exception de celles très intenses comme la fureur ou l'extase, se manifeste l'espace d'une seconde à peine. Les émotions se succèdent brièvement dans notre regard. Plus un individu parle, plus les chances de détecter son mensonge augmentent ; les indices sont plus nombreux dans son discours, comme dans son langage corporel. C'est ici que mon rôle est important ; je peux exclusivement regarder et ainsi déceler le plus fugace, le plus furtif des signaux. Quand nous fixons notre interlocuteur, nous le faisons à dessein. Souvent, notre motivation est de vouloir le convaincre que ce que nous disons est important ou véridique. Nous voulons l'influencer. Mais pas toujours... Aussi importe-t-il de pouvoir noter la différence de contact oculaire entre le moment où le locuteur regarde sans avoir aucune raison de mentir et celui où il pourrait mentir.

Dans quel état d'esprit Marcel nous parle-t-il ? Je note qu'il élude certaines questions, qu'il a parfois furtivement l'air de chercher des éléments, et cela m'intrigue car les faits qu'il nous décrit sont récents, ils ont eu lieu l'avant-veille. Cet élément n'est toutefois pas probant, peut-être ce témoin est-il simplement fatigué ayant derrière lui des journées agitées, et certainement deux nuits sans bon sommeil ?

En décembre 2002, les événements du 11 septembre 2001 sont encore tragiquement présents à nos mémoires. Manipuler des armes à quelques mètres des avions de Roissy mérite une enquête exhaustive. Nous explorons toutes les hypothèses. Marcel le témoin est précis et sympathique, Abderrezak, le suspect, hostile et sur la défensive. L'un des deux ment. Nous établissons différents scénarios : le bagagiste est-il un terroriste sur le point d'organiser un attentat dans un avion décollant de l'aéroport parisien ? Est-il membre d'un réseau de grand banditisme, cachant des armes pour son compte ? Est-il, comme il le répète, la victime d'un coup monté par sa belle-famille ? La presse a rapidement tranché ; aux premiers jours de janvier, elle titre : « Le bagagiste transportait une bombe prête à l'emploi », et le lendemain, elle récidive en écrivant : «Des traces d'explosif dans le casier du bagagiste.» Si le premier titre est factuellement juste, le second est en revanche erroné. Las, le bagagiste d'origine algérienne présente un caractère de coupable idéal, d'autant plus commode à accuser que les attentats d'Al Qaida contre les Twin Towers de New York ont dressé dans les esprits une équation terrifiante : islamiste + avion = attentat. Abderrezak est-il islamiste ? Il le nie. Trois jours plus tard, la France se réveille en lisant dans la presse quotidienne que «le portable du bagagiste mène à la mouvance islamiste»… Ce qui n'est pas faux, quoique tronqué. Un examen du téléphone portable d'Abderrezak a révélé que celui-ci avait à plusieurs reprises contacté deux de ses collègues bagagistes qui se trouvent être eux-mêmes en contact avec des personnes surveillées par la police car suspectées d'être en lien avec la mouvance islamiste radicale. Le suspect n'est donc pas directement lié à ces extrémistes, mais, par ces intermédiaires, il est possible de les relier, fût-ce indirectement…

Nous poursuivons notre enquête, qui, comme il se doit, cherche à rassembler des éléments à charge comme à décharge. Le domicile du bagagiste a été perquisitionné le soir même de son interpellation, mais il n'y est décelé aucune trace d'explosif, ni trouvé d'indice compromettant. Nous procédons en vain aux mêmes relevés dans la maison où résident les parents de Louisa, son épouse décédée. Nous recevons ce couple en audition et je suis frappée par la haine de la mère de Louisa à l'endroit d'Abderrezak. Elle insiste sur sa pratique supposément rigoriste de l'islam, elle l'accuse d'avoir imposé un mode de vie rétrograde à sa fille, elle l'accable. Nous ne tardons pas à apprendre que son ex-gendre, veuf depuis une demi-année, fréquente une jeune femme. Celle-ci nous confie que son compagnon n'a aucune exigence religieuse particulière.

Nous vérifions dans le même temps les éléments du récit de notre témoin ancien militaire, l'aimable Michel. Grâce à une expertise de son téléphone portable, nous découvrons qu'il n'a, dans les heures précédant son passage à l'aéroport de Roissy, pas emprunté le chemin qu'il nous a indiqué. Premier indice troublant. À 4 h 30, soit trente minutes avant d'entendre un bruit de culasse, le vigile a contacté un détective privé, un certain Patrick. Pourquoi Marcel a-t-il menti sur son trajet et gardé secret cet appel téléphonique ? Nous replongeons dans l'enquête menée l'été pré-cédent autour de l'immolation de Louisa et y découvrons que les parents firent alors appel à un expert en incendie. Un geste compré-hensible, vu les circonstances, mais qui nous intrigue car ce couple ne paraît pas disposer d'un relationnel fourni. Nous leur demandons comment ils ont appris l'existence de tels experts et pourquoi ils ont arrêté leur choix sur celui-ci. Les parents se crispent à cette question, puis répondent avoir été aidés par un ami, un certain... Patrick. Bingo, c'est l'homme que Marcel, le vigile, a appelé à 4 h 30 du matin.

Gardés à vue, Marcel et Patrick ne tardent guère à avouer être les acteurs d'une vengeance ourdie par les parents de Louisa contre leur gendre. Patrick est un ami d'enfance de la mère de la défunte, il a recruté Marcel pour porter le faux témoignage. Les armes, cachées à l'insu d'Abderrezak dans la voiture, ont été fournies par l'oncle maternel de Louisa, un homme connu des services de police pour ses commerces suspects avec l'Algérie. Abderrezak, qui avait été placé en détention provisoire, est innocenté. Et que titre la presse le lendemain pour saluer notre enquête ? «Honteuse déten-tion du bagagiste : il est innocent.» La police a pourtant été la seule à envisager sérieusement que le bagagiste de Roissy puisse être une victime et à le prouver en ne se fiant ni aux habiles mensonges de son accusateur, ni à ses dénégations hostiles.

CHAPITRE ONZE

Avec le père d'Ilan Halimi

De toutes les affaires criminelles que j'ai eu à suivre, l'enlèvement et l'assassinat du jeune Ilan Halimi, mort à vingt-trois ans après vingt-quatre jours de détention et de tortures, demeure la seule qui me serre encore la gorge lorsque je l'évoque. Aucune enquête policière ne m'a éprouvée à ce point, aucune ne m'a autant interrogée sur mon métier et ses limites. Avec la centaine de collègues mobilisés jour et nuit, nous aurions tant voulu parvenir à déjouer la folle détermination de ses ravisseurs. Ilan Halimi est mort. Sa famille pleure un fils, un frère, un cousin, tué par le «gang des Barbares», vingt-sept jeunes délinquants de «La Bierre plate», une cité de Bagneux, qui l'ont attiré, enfermé, battu, brûlé avec une cigarette, tailladé, soumis à un simulacre d'empalement, puis, le 13 février 2006, rasé puis tué dans un bosquet longeant la voie ferrée à Sainte-Geneviève-des-Bois. Fofana, le chef des ravisseurs, a inondé le corps supplicié d'Ilan Halimi de white-spirit, puis il a craqué une allumette.

Le 20 janvier 2006, vendredi soir, jour de Shabbat, Ilan Halimi, beau garçon au sourire insouciant, dîne chez sa mère, Ruth. Il prévient sa compagne, Moni, qu'il rentrera tard car il doit ensuite retrouver un ami pour partager un verre. À 2 heures du matin, Moni ne trouve pas le sommeil, inquiète qu'Ilan ne soit pas rentré se coucher. Elle regarde pour la vingtième fois son téléphone portable, guettant vainement des nouvelles de son fiancé ; un message, émis par un expéditeur dont elle ne connaît pas le numéro, s'affiche sur son écran. Il lui demande de se connecter à une adresse Internet, mer855@hotmail.fr. Moni la compose. Stupéfaite, elle y lit qu'Ilan a été enlevé. Ses ravisseurs exigent une rançon de 450 000 euros, qui ne devra pas être remise en espèces mais transférée électroniquement sur un compte bancaire. En pièce jointe, une photo d'Ilan, le visage recouvert de bandes adhésives, un pistolet braqué sur sa tempe. Le jeune homme tient dans les mains une édition d'un quotidien daté du même jour. Aussitôt, Moni, affolée, prévient un ami d'Ilan, puis ses parents, Ruth et Didier, un couple de quinquagénaires divorcés. Ensemble, ils se présentent à la Brigade criminelle.

Commence la plus effrayante affaire d'enlèvement que la France ait vécue depuis des décennies. Une histoire dont la férocité, la durée et la complexité mirent à rude épreuve les forces de police. Insaisissables, erratiques, violents, les ravisseurs, exceptionnellement nombreux, échapperont à tous nos pièges, déjoueront tous nos stratagèmes. Pour tenter de les atteindre, nous devrons démêler des réseaux techniques retors, car ces criminels n'utilisent ni ordinateur identifiable, ni téléphone mobile enregistré à leur nom. Alors que leurs communications sont masquées, leurs revendications sont confuses, menaçantes. L'écheveau nous échappe. Le ravisseur appelle depuis la banlieue parisienne, puis depuis la Côte-d'Ivoire. Tout s'emmêle. L'affaire est d'autant plus ardue que le profil de la victime, un jeune vendeur dans une boutique de téléphonie, fils aîné d'une famille juive, échappe à la logique. Pourquoi les ravisseurs s'en sont-ils pris à un garçon dont le salaire n'est que de 1200 euros mensuels et dont les parents n'ont aucune fortune personnelle ? Le père, Didier Halimi, gère deux boutiques de vêtements, une à Paris, l'autre sur la Côte-d'Azur, mais ses magasins sont encore l'objet d'un remboursement de prêt bancaire, ni lui ni son ex-épouse n'ont d'économies ou de biens propres. Qui a pu s'en prendre à ce jeune homme sans histoires ? Pourquoi ?

Le camarade d'Ilan, qui lui sert d'alibi ce soir-là, ne tarde pas à nous confier qu'Ilan a menti à Moni. Ce 20 janvier 2006, après avoir dîné chez sa mère, le jeune homme ne lui avait pas donné rendez-vous pour prendre un verre. Contrairement à ce qu'il a dit à sa compagne, il avait prévu de retrouver, dans un bistrot près de la porte d'Orléans, une fille qui l'a abordé avec beaucoup d'entrain trois jours auparavant dans le magasin où il travaille. Une jolie brunette, gironde et très entreprenante aux dires des témoins qui la virent manœuvrer pour attirer Ilan. Qui est cette fille ?

Au téléphone et par mail, Moni est harcelée par l'homme qui détient Ilan Halimi. Ses messages électroniques sont émis depuis un cybercafé parisien, ses appels téléphoniques passés depuis des cartes rechargeables. Au bout de trois jours, Moni craque. Dorénavant, c'est Didier Halimi, le père d'Ilan, qui sera l'unique interlocuteur de Youssouf Fofana, le chef des ravisseurs, dont nous ne savons rien.

Autour de Didier Halimi, nous constituons une petite équipe : Pierre, un chef négociateur de la Brigade de recherche et d'intervention, Georges, autre négociateur expérimenté, et moi-même, en tant que psychologue criminelle. Nous nous installons dans un bureau étroit, éclairé par une fenêtre de toit. Le téléphone portable du père d'Ilan est branché sur haut-parleur. Posée sur une table, une grande ardoise blanche, sur laquelle nous écrivons nos messages, grâce auxquels nous lui indiquons comment nourrir ses incessantes conversations téléphoniques avec le preneur d'otage. Aux côtés de cette cellule, jusqu'à quatre cents policiers travaillent nuit et jour pour tenter de localiser les ravisseurs et tâcher de libérer Ilan. Toutes les pistes sont explorées, toutes les investigations techniques conduites, le travail est immense. Didier Halimi est harcelé de dizaines de textos, d'autant de mails et d'appels téléphoniques. Des heures durant, il doit parlementer avec le ravisseur, l'écouter vociférer ses menaces, tenter de le calmer, lui promettre une solution. Mon travail consiste essentiellement à le soutenir.

À l'écoute de leurs conversations, nous cernons peu à peu le profil du ravisseur, une personnalité de type psychopathique. Au travers de ce qu'il dit, de ses réactions, il est manifeste que cet homme n'éprouve aucune culpabilité. Acharné à obtenir rapidement et facilement la somme d'argent qu'il exige, il paraît affranchi de tout sentiment moral, uniquement soucieux d'obtenir ce qu'il demande. Très rapidement, nous prenons conscience de sa dangerosité, comme de celle de ses complices. Cette configuration est inédite. Nous avons peu de ressorts psychologiques sur lesquels jouer. Impossible de pratiquer une écoute bienveillante, ni de trouver un terrain d'entente pour obtenir une reddition, ni de négocier le montant de la rançon. Pourquoi ? Parce que, en février 1981, Maurice Bouvier, directeur de la police judiciaire centrale, fit rédiger une circulaire stipulant que dorénavant, dans les affaires d'enlèvement, plus aucune rançon ne devait être versée, ni par les services de police, ni par les familles. Cette fermeté intervint après une décennie d'enlèvements crapuleux, le versement des sommes requises par les ravisseurs ayant donné à de nombreux voyous l'envie de se lancer dans cette activité devenue lucrative, elle eut d'ailleurs de l'effet, stoppant net la vague d'enlèvements.

Aucune marge de manœuvre ne nous est laissée par ce ravisseur. Nous menons de front deux stratégies ; d'une part gagner du temps pour permettre à l'enquête de progresser et de localiser Ilan, d'autre part, trouver le moyen de procéder à un échange physique, qui pourrait nous permettre de le récupérer. Ces vingt-quatre jours sont pour nous, équipe de négociations et Brigade criminelle, vécus dans une urgence exceptionnelle. Il faut trouver Ilan avant que ses ravisseurs ne lui fassent trop de mal. Il faut que l'enquête aboutisse.

Nous cherchons une idée qui contraigne les preneurs d'otage à faire sortir Ilan de l'endroit où ils l'ont caché afin que nous puissions intervenir. Telle est notre obsession. Chaque minuscule progrès nous galvanise. Chaque fausse piste nous accable. Notre responsabilité nous pèse. Comme jamais auparavant, chacun d'entre nous prend conscience d'avoir choisi d'appartenir à une équipe de négociations, à une Brigade criminelle, à une Brigade de recherche et d'intervention, pour aider et protéger. Et combien il est difficile d'y parvenir.

Nous ne sommes pas tout-puissants, mais nous voulons sauver ce jeune homme. Alors, nous rassemblons toutes nos forces, nos intelligences, nos expériences, nous glanons, accumulons, cherchons tous les éléments. Nous nous posons mille et une questions, échafaudons toutes les hypothèses, soupesons toutes les stratégies, envisageons toutes les possibilités. Durant vingt-quatre jours, nous dormons avec Ilan, nous mangeons avec Ilan, nous respirons avec Ilan, nous voulons à tout prix sauver Ilan.

Cette enquête nous secoue. Nous passons de l'exaltation à l'accablement en quelques secondes. Tout est si ténu, si fragile, si dangereux. Je me souviens de la liesse au moment où le ravisseur a accepté de recevoir une rançon en liquide, l'espoir d'être enfin parvenu à ce qu'un père retrouve son fils, une famille son enfant. Puis le contrecoup, massif, quand nous comprenons que le ravisseur ne viendra pas, que nous ne pourrons pas libérer Ilan, en tout cas pas tout de suite. À chaque blocage, il nous faut élaborer une nouvelle solution, imaginer une stratégie différente, aider Didier Halimi et continuer. Je ne sais pas comment cet homme a trouvé la force de poursuivre, de croire. Un jour, nous décidons tous les quatre d'améliorer le repas que nous avons pris l'habitude de partager à la hâte dans notre bureau exigu. J'ai rapporté de ma cave une bonne bouteille, nous avons sorti des gobelets en plastique et nous l'avons dégustée. Un demi-verre chacun, une respiration, une parenthèse. Puis, le téléphone de Didier Halimi a sonné. Le ravisseur crie.

À sa voix, le preneur d'otage paraît jeune, d'origine africaine, il utilise le vocabulaire des petits voyous de la banlieue Sud, il semble nerveux, de fréquents accès de colère le submergent, il exige de tout obtenir très vite. J'observe ses réactions, j'affûte des arguments, je tente de comprendre sa logique et de discerner la méthode qui pourrait s'avérer psychologiquement opérante. C'est complexe car l'homme est volubile, hargneux, et donne à penser qu'il pourrait lui-même être débordé par ses hommes de main, qu'il paraît gérer à distance. Les deux policiers négociateurs invitent Didier Halimi à exiger constamment des preuves de vie de son fils, car nous savons que si nous poussons les preneurs d'otage à entrer en contact avec leur prisonnier, si nous obtenons qu'ils échangent avec lui, qu'ils se parlent, qu'ils nouent des liens, il leur sera plus difficile de le tuer. Puis, le temps passant, nous ne savons pas si Ilan est encore en vie. Nous voudrions gagner du temps pour permettre aux enquêteurs de trouver une trace et de remonter jusqu'à eux.

Didier Halimi, la cinquantaine, est un homme posé, dont la maîtrise de soi est admirable. Combatif et réfléchi, il noue avec nous une relation confiante. Il discute des options envisagées, exprime ses désaccords, nous collaborons en parfaite intelligence dans un huis-clos pesant. Alors que la prise d'otage s'enlise, que les journées passent, que les appels téléphoniques de plus en plus violents s'enchaînent à une fréquence folle, la résistance de ce père paraît intacte. Il conserve une voix posée, formulant ses demandes avec pondération, tandis que dans son oreille, le ravisseur tempête, menace et lui promet la mort prochaine de son enfant. Durant les vingt-quatre jours que nous partagerons, je ferai de mon mieux pour le soutenir. Ensemble, nous parlons beaucoup. De son mariage, de ses trois enfants, de son éducation, du rôle d'un père. Nous prenons parfois ensemble le temps de marcher quelques pas, nous tâchons d'évacuer la pression, de mobiliser des ressources intérieures suffisantes pour enrayer la peur, l'épuisement, la nervosité. Je le vois chavirer parfois dans la tristesse, le désespoir, je m'efforce de l'épauler, de l'aider à tenir. Il endure une pression atroce. Il entend chaque heure de la journée l'homme qui détient son fils lui assurer qu'il le tuera et le fera souffrir.

Si la «circulaire Bouvier» ne souffre aucun arrangement, il est toutefois admis que, dans des affaires complexes, la police verse aux ravisseurs des «sommes plastrons», soit une partie du montant exigé. Un échange d'argent qui peut permettre d'entrer en contact avec les ravisseurs et ce faisant de les appréhender. Le bourreau d'Ilan Halimi formule depuis la première nuit une exigence inédite pour les forces de police : il veut que les 450 000 euros lui soient transférés par un virement électronique. Cette requête est rusée, car elle empêche à l'évidence toute prise de contact, toute tentative d'approche. Elle nous rend la tâche excessivement difficile. Cet homme, qui a dû grandir dans une famille d'immigrés, a l'habitude de ces transferts monétaires via Western Union ou d'autres entreprises concurrentes. Comme il est impossible que nous virions l'argent de la rançon, nous tentons de l'attirer autrement. Alors que la prise d'otage dure depuis quinze jours, Didier Halimi fait valoir au téléphone que la somme lui est impossible à rassembler rapidement, il propose de remettre dans un premier temps 112 000 euros en espèces. Tandis qu'il expose cette possibilité, il adresse par courrier électronique à son interlocuteur la photographie de la somme en billets. Une image qui, espérons-nous, séduira suffisamment le ravisseur pour lui faire baisser la garde et obtenir un rendez-vous. Notre piège semble fonctionner : il est convenu que le père d'Ilan se rendra devant un restaurant de fast-food, dans une rue passante du quartier des Halles à Paris, avec la valise pleine de billets. Le quartier sera quadrillé de policiers de l'anti-gang en civil. Nous croyons toucher au but. Patientant au lieu convenu, Didier Halimi reçoit un appel sur son portable. Le ravisseur exige qu'il quitte cet endroit et le retrouve, dans une heure, place de Clichy, au nord de Paris. Branle-bas de combat, nous n'avons plus que quelques minutes pour organiser la surveillance et la sécurisation d'un nouvel emplacement. Quelques instants plus tard, le ravisseur rappelle. Il refuse les billets de banque. Il veut 5 000 euros en virement bancaire. Puis il téléphone de nouveau, exige de retrouver le père de son otage à Bruxelles. Le ravisseur nous échappe. Ilan Halimi est prisonnier depuis dix-sept jours.

Comment reprendre la main et gagner du temps pour que les techniciens, les enquêteurs localisent ce criminel et ses acolytes ? Dans la cellule de négociation, enfermés depuis plus de deux semaines, nous échafaudons des stratégies, cherchons des angles d'attaque, nous efforçant de maintenir un fil entre le ravisseur et nous. Nous sommes en contact permanent avec les enquêteurs et la direction de la police judiciaire. Tous les matins, les experts, les chefs de groupe de la Brigade criminelle, les commissaires se réunissent et font le point. Chaque option est analysée, évaluée, pensée. Si nous tentons cette décision, quelles pourraient être les conséquences ? Si nous divulguons des informations dans la presse, comment pourraient réagir les ravisseurs ? Chaque élément de cette enquête tentaculaire est interdépendant, la machine énorme d'une complexité rare.

Notre épuisement est grand, la peur d'échouer nous ronge. Je vois que Didier Halimi est à bout de forces. Plusieurs idées me traversent l'esprit, je cherche mille et une solutions pour libérer le jeune homme. Devrions-nous adjoindre aux cent cinquante enquêteurs les quatre-vingts hommes du Raid ? Soumis au secret, on peut leur faire confiance, l'affaire ne risque pas de s'ébruiter. Ils sont proches, disponibles. Est-il possible qu'à trois négociateurs nous puissions continuer à affronter efficacement ce ravisseur instable? Devrions-nous demander à être relayés par des négociateurs moins fatigués que nous? Je ne sais pas si quelque chose d'autre aurait pu, aurait dû être tenté. Il est alors décidé, par la hiérarchie policière au vu des éléments dont nous disposons, que Didier Halimi, qui n'a que très peu dormi depuis quinze jours, dont le cœur se crispe à chaque sonnerie de son portable, ne réponde plus au preneur d'otage. Quelques heures de parenthèse, deux jours maximum de pause, une trêve pour lui permettre de récupérer. Un changement de paramètres, qui, nous l'espérons, affaiblira le ravisseur. Ce choix était-il une erreur? Ce n'est pas la première fois que cette négociation s'interrompt. Nous prenons cette décision en considérant que les tractations sont enlisées, tout comme les discussions avec le ravisseur. Et puis, nous venons de découvrir une nouvelle possibilité de tracer les courriers électroniques. C'est notre dernier espoir, le reste s'étant révélé, malgré notre travail acharné, infructueux. En cessant le flot des échanges, nous espérons l'obliger à nous écrire de nouveaux mails. S'il le fait, nous pourrons arriver à temps au café Internet, l'interpeller et le contraindre à nous conduire jusqu'à Ilan.

Le tortionnaire s'énerve, il laisse de nombreux messages téléphoniques de plus en plus macabres. Puis il n'appelle plus. N'écrit plus. C'est le silence.

Je me rendrai aux funérailles d'Ilan Halimi. Didier Halimi s'est approché de moi, il m'a serré la main. Nous avons pleuré. Ruth, la mère d'Ilan, est demeurée blottie dans l'étreinte des siens. Le «gang des Barbares» a été démantelé, interpellé : dix-huit hommes et neuf femmes, certains à peine âgés de dix-sept ans. Youssouf Fofana, le cerveau de l'opération, qui épuisa trente-huit avocats successifs, est condamné à vingt-deux ans de prison. Je ne l'ai jamais rencontré. Aurions-nous pu sauver Ilan Halimi ? Y avait-il une issue, un stratagème, une voie que nous aurions pu emprunter sans verser la rançon ? Je ne le pense pas. Il est simple de réécrire une histoire dont on connaît la fin tragique. Nous avons tout tenté. Tout essayé.

Il est des diables qui échappent à la psychologie criminelle. Et c'est terrible.

Charlotte nous a apporté des porte-clés Diddl, et un dessin qu'elle a colorié pour le chef de la Brigade. Charlotte a neuf ans. En rentrant de l'école, un type l'a attrapée, aspergée de gaz lacrymogène, puis mise dans le coffre de sa voiture bleue. Dans un champ, il l'a violée, puis il a roulé jusqu'à un hôtel désaffecté, a jeté le sac et est reparti. Charlotte est restée là toute la nuit, par -5 °C. Aux premières heures de la journée, n'entendant plus un bruit, elle est parvenue à s'échapper, elle a marché jusqu'à trouver une maison habitée, elle a sonné.

Cinq jours plus tard, un suspect est interpellé. Sur le torse de la petite fille, des prélèvements de salive ont permis d'identifier son ADN enregistré dans nos fichiers. Le jeune homme a déjà été condamné pour des agressions sexuelles. Nous choisissons de le faire entendre par deux femmes policiers. Il nie. Les enquêteurs l'informent que des traces d'ADN l'accusent formellement. Le type s'emporte, ce ne serait pas possible. Et pourquoi ? Parce qu'il regarde la série *Les Experts* en boucle, qu'il a retenu tout ce qu'il fallait faire et ce qu'il fallait éviter, qu'il n'a donc pas pu commettre une telle erreur. *Les Experts*, la meilleure école du crime… Il sera condamné.

J'ai quitté la police. Envie d'exercer autrement mon métier de psychologue, besoin de me consacrer à des patients, à des vies qui ne soient pas celles de criminels. En ouvrant mon cabinet de psychothérapeute dans la région parisienne, je désire soigner, faire du bien, mesurer les bienfaits d'un travail thérapeutique. Le soin n'a pas sa place dans la police, le temps est venu pour moi de retrouver cette dimension professionnelle.

Je dis souvent à mes patients que le traumatisme est un livre ouvert, posé sur une table et qui, même s'il a vingt ans d'âge, vous saute au visage dès que vous vous en approchez. La thérapie permet de comprendre, de cicatriser, de fermer ce livre et de le ranger dans la vaste bibliothèque de nos souvenirs. Il n'est pas oublié, il n'est pas effacé, il est simplement remis à sa juste place. Il ne fait plus mal. Mon cabinet est spécialisé en EMDR, une technique, que j'ai rapidement évoquée dans cet ouvrage, découverte voici une trentaine d'années par une psychologue américaine, Francine Shapiro. En travaillant les mouvements oculaires, l'EMDR (Eye Movement Desensitization and Reprocessing) traite efficacement des traumatismes, bénins ou plus graves. Elle aide à fermer le livre. Certains de mes patients savent que j'ai travaillé comme analyste criminelle, d'autres l'ignorent. Je ne le dis pas toujours, je le confie lorsque je considère que cela peut être une information bénéfique à la relation nouée entre le patient et moi. Je reçois des femmes violées, battues, des hommes abusés dans leur enfance, des victimes d'agression dans la rue, des personnes anxieuses, déprimées, des profils divers, tous psychiquement blessés. Si j'exerce l'EMDR avec toute la rigueur et l'expertise que cet outil requiert, je crois soigner un petit peu différemment de mes confrères, car je mets à profit mon expérience dans la police. Connaissant bien les arcanes de l'esprit criminel, j'amène mes patients à se décentrer de ce qu'ils ont subi, je les guide dans un mouvement qui leur permettra de comprendre progressivement que seul l'agresseur est responsable de son acte. Pas la victime. Jamais la victime. Pour y parvenir, nous réfléchissons à ce que leur agresseur a vécu, à ce qui l'a conduit à devenir violent. Cette prise de distance entre la victime et son bourreau est guérisseuse. Le patient s'exonère de sa part de culpabilité, il cesse de se demander pourquoi il a été battu, étranglé, choqué, et s'efforce de comprendre comment son agresseur en est arrivé à ce geste. En acceptant d'accomplir ce travail, il s'éloigne de son émotion négative. Elle retrouve son juste chemin. C'est ce que je souhaite à tous ceux qui ont croisé la route des criminels que j'ai, durant tant d'années, recherchés, suivis, interrogés, tenté de comprendre.

Un jour, j'aimerais revenir travailler dans la police. Je reconnais l'empreinte du mal. Je comprends la logique de ceux qui peinent à s'en défaire. Je voudrais continuer d'aider ceux qui le combattent.

Pour Cécile, Sophia, Annicka, Noëlle, Isidora. Pour la petite fille de la marchande de chaussures. Pour Charlotte. Pour Ilan. Pour tous ces enfants. Pour moi. Qui ai croisé des diables et ai appris à les comprendre. En espérant qu'on sache un jour les soigner.

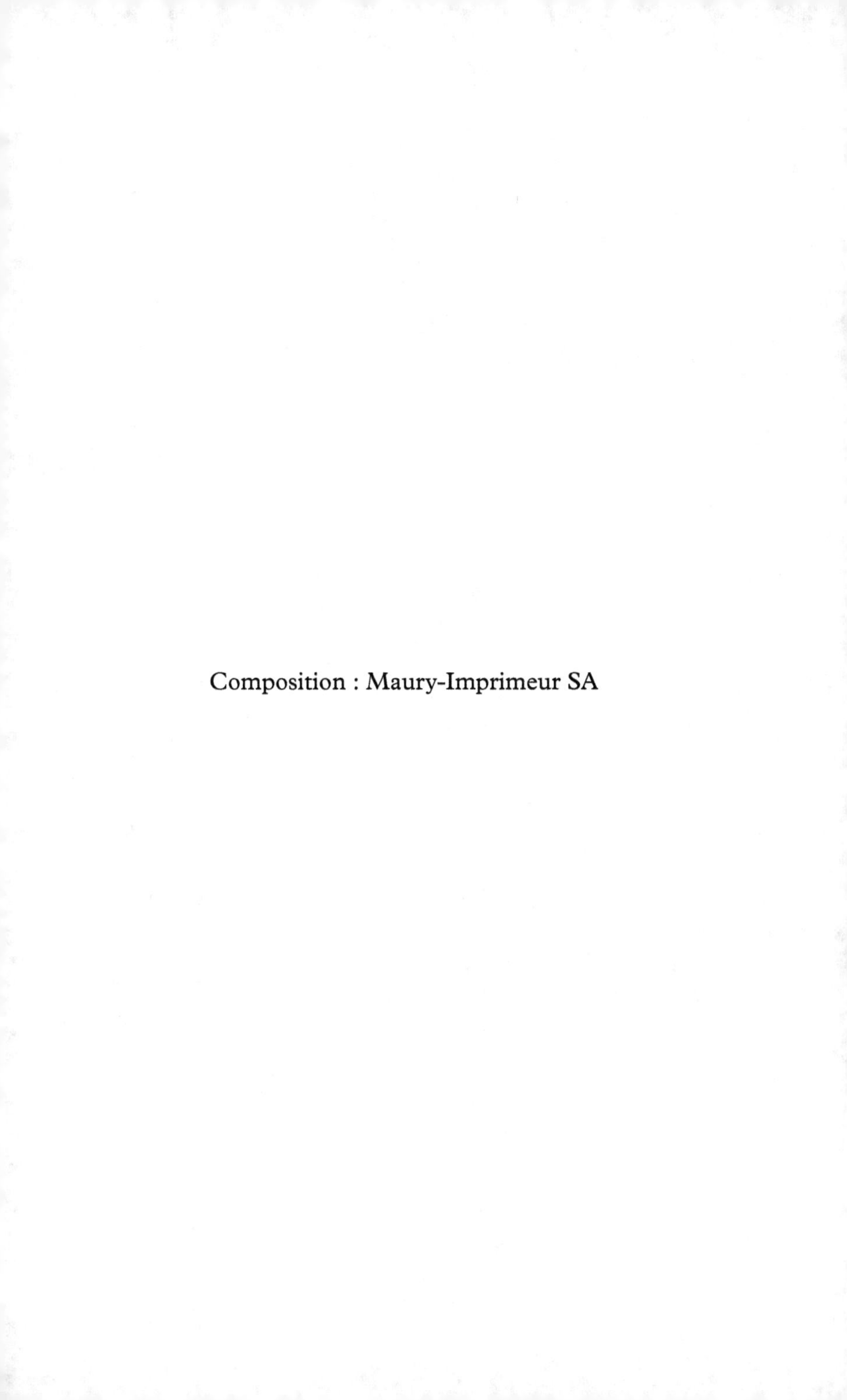

Composition : Maury-Imprimeur SA

N° d'édition : – N° d'impression :
Dépôt légal août 2015

9 782224 685693